不寛容の本質

なぜ若者を理解できないのか、なぜ年長者を許せないのか

西田亮介

経済界新書 054

はじめに

本書が論じるのは近年の日本社会の「不寛容」とその構造だ。そのなかでも「昭和的なもの」の終わりと予見可能性の低下（見通しの悪さ）に注目する。

日々の生活のなかでの苛立ちが他人に向かってしまうということは、多かれ少なかれ誰にとっても経験があるはずだ。言語化できないいらいらや、他の世代の行動や態度が意味不明に思えたり、理解できない、許せないという話をよく聞く。メディアでも近年「不寛容」を切り口にした企画が組まれている。

情報機器の普及によって、日々接触する情報量は増加の一途をたどっているが、これもまたなかなかの頭痛の種だ。情報接触の量が増えたからといって、ただちに人は賢くなったり、いろいろな問題の解決の糸口を見つけたりできるというわけでもないからだ。そう簡単にはいかない。

むしろこれまで見えなかった／見なくて済んでいた人間関係の暗部や、よく考えてみると事実かどうか疑わしい「不都合な真実」、ウラ話が見えてしまう機会も多くなった。

自分への悪口、職場での評価、友人や知人、同僚たちが自分に代わって受けた「本当は自分が受けるべきだった」高い評価……。ソーシャルメディアのタイムラインには、そんな嫉妬や邪推の源泉となる情報に満ちている。疑心暗鬼も加速して当然だ。

そしてなにより「みんなが見ている」「みんなが読んでいる」「みんなが聴いている」を自明視できなくなった。かつて人々を結びつけていたメディアと情報の共通基盤がどんどん掘り崩されていっている。

ゴールデンタイムのテレビ番組や月9のトレンディードラマを見ていなくても、オリコンチャートを押さえていなくても特に問題ないという自由さを得た代わりに、共通の話題や共通体験が期待薄になった。「自由」と「一体感」は両立しないトレードオフだ。

社会もまた変わりつつある。といっても、社会はいつの時代も変化しているが、すでに日本は経済でも人口でも、ダウントレンドの時代に本格的に突入した。

人口はかなり大きなボリュームである団塊ジュニア世代があまり子どもを持たないままに、40代に突入したことによって、今後近い将来における人口の自然増は言うにおよばず、現在の人口水準を維持することすらかなり困難だ。

少子化については、団塊ジュニア世代に非難の矛先が向けられることも少なくない。「なぜ、子どもを持たないのか」と。

しかしよく考えてみれば、彼ら彼女らは「子どもを持たなかった」のではなく、「持てなかった」のではないか。彼らの就職活動の時期は、就職氷河期の時期と重なっている。正規職につくことができない若い世代となったのである。未だに共有される昭和の価値観にもとづくなら、結婚、子育てへと踏み切ることは容易ではなかっただろうし、共働きと子育てが当たり前になった世代でもあり、その困難は相当のものだったと思われる。

これは団塊ジュニア世代の問題というよりは、少子高齢化社会の到来それ自体は1970年代にはすでに十分予見されていたわけだから、きちんとした子育て環境、共働き環境を用意してこなかった制度設計と、民間における就労環境改善がなされなかったことの影響が大きいといえる。

さらにいえば当時、意思決定に携わっていたのは、当事者世代ではなく、さらに上の世代である。バブル景気で浮かれるなか、政治、社会、企業の構造改革を怠ったがゆえの帰結である。こういった点については意外と指摘されないままだ。

言語化できない曖昧模糊《あいまいもこ》とした不信感や不安感は、他者や社会に対する強迫観念や攻撃性をもたらすことがある。向きあう相手が「得体の知れない他者」に見えてくるからだ。

現代の日本社会においては、宗教や地域社会といった安心、安全の土台の存在を当然視できないだけになおさらやっかいな問題になりつつある。

本書はそのような現代の不寛容さを、平成も晩年になって随所で生じている「昭和的なものの終わり」と予見可能性の減少を通じて論じている。さらに、それに乗じた過度な楽観と悲観の広がりを問題視する。

筆者が以前、安倍昭恵総理夫人と「対談」したとき、氏は「これからは日本が世界をリードしていかなければならない」という趣旨の発言を残している（BLOGOS「日本の精神性が世界をリードしていかないと地球が終わる」安倍昭恵氏インタビュー）

(http://blogos.com/article/197071/)。

筆者には根拠なき楽観論に思えて強い違和が残った。信念の持ち方は人それぞれだが、しかし我々の社会が直面している「現実」を客観的に直視しているようには見えなかったし、具体的な道筋も見えなかった。現実を直視せず、精神力でなんとかするという態度こそ、この社会で幾度も繰り返されてきた悲劇ではなかったか。

いつの時代も生活者の認識や常識と、実際の社会状況にはかなりの乖離がある。現代社会は忙しいし、人間の認知は有限なので、当然のことでもあるのだが、それでも「現実」と「通念」、そして両者のギャップを多くの人に認識してもらう必要がある。

本書はそのような目的で書かれている。なかでもこの社会に根強く残りながらなかなか意識されない「昭和の面影」がいかに現実と乖離しているかを描き出すことに注力した。そして、昭和後期に形成された「常識」が世代によって異なった見え方をすることを豊富な具体例とともに示した。とかくそれらは「過去のもの」として言及されがちだが、メリットとデメリットの両方があったことにも言及した。

困難な現実を直視することと絶望は同義ではないし、悲観的であることとも同様である。「困難だが、それでも……」という態度もありうる。難しい局面を乗り切るためには実態を的確に把握することを通して、針の穴に糸を通すような「解」を探すことが求められるのではないか。

本書を通して、普段なかなか考えない日本社会の諸相《しょそう》に改めて目を向け、社会に対する認識を更新し、我々の社会の生き苦しさの理由のひとつである不寛容の本質を再考するきっかけにしてほしい。

西田　亮介

不寛容の本質　目次

第5章

135 少年犯罪と隠れた格差

第6章 研究環境と高等教育の変容がもたらした違和感

第1章

不寛容の本質に迫る

心がせまく、人の言動を受け入れられない

休日にベビーカーを押しながら百貨店でエレベーターを待っている親子。そのエレベーターは子連れ、車いす優先と表示されているが、どうにも健康そうな人たちでいっぱいでいつまでたっても乗り込めず途方に暮れている……。

妊婦と思しき女性が電車に乗りこんできて優先席に向かうが、ちらと目線を送りつつも誰一人動かない。ファミレスやコンビニでレジの店員のちょっとしたミスに怒鳴り続けている。

日常生活のどこかでそんな光景を目にしたことはないだろうか。

「これだから最近の若いものは」などと眉をひそめる読者がいるかもしれないが、その当事者の姿をよく思い出してみてほしい。本当に若者だっただろうか。

エレベーターには元気ではつらつとした年長者が多くはなかったか。優先席に座り続けていたのは、共働きで家路を急ぐ妊婦ではなく、平日に悠々自適に山登り会を楽しむ高齢者の団体客ではなかったか。店で激昂していたのは若者ではなく高齢男性ではな

かっただろうか。

ここで書いたのはちょっとしたフィクションの小話に過ぎないが、確かに露骨な不寛容さや振る舞い、その動機を垣間見ると違和や驚きを覚えるような事態に直面する機会は増えたような気もする。

2016年には、少子化対策や待機児童の問題の重要性がようやく社会問題として大きく取り上げられるようになった側から、各地で保育園等の建設の反対運動が起きたし、別に視聴者自身と無関係の問題のはずなのに、女性タレントの不倫に激しいバッシングや抗議がおきテレビ画面から姿を消すということもあった。その直後に発覚したベテラン男性落語家の不倫は普通に笑い話として消費されたことも、女性タレントへのバッシングへの違和を増幅させたかもしれない。

「不寛容」という言葉がある。読書家の人なら、18世紀フランスの新教徒の信教の自由が問われた「カラス事件」を機に寛容を説いたヴォルテールの『寛容論』を思い出す人もいるかもしれないが、さしあたり国語辞書『大辞泉』には「不寛容」について「心がせまく、人の言動を受け入れないこと。他の罪や欠点などをきびしくとがめだてすること。また、そのさま」と定義されている。

メディアは社会の諸相を反映する鏡のような性質も持っているが、最近「不寛容」という言葉がひとつのキーワードとして注目されるようになっている。幾つものメディアが「不寛容」を基調にした企画を打ち出している。

公共放送のNHKは日本において、ひとつの象徴的な存在だが、2016年6月11日放送の、NHKのよく知られたドキュメンタリー番組「NHKスペシャル」のタイトルは「私たちのこれから『# 不寛容社会』」。

人気タレントの不倫とその後のネットを中心とするメディアでのバッシング、「炎上」といった論点を、独自調査のデータや専門家のVTRで概観しながら、ジャーナリストの津田大介や森達也らの論客と一般人が参加する討論形式の番組に仕上げた。

この番組で放送されたデータは、本書執筆時点では「NHKスペシャル」のウェブサイトで閲覧することができる（NHKスペシャル「データで見る不寛容社会」〈http://www.nhk.or.jp/ourfuture/vol5/data/〉）。

［図表1］今の日本の社会について、どう思いますか①

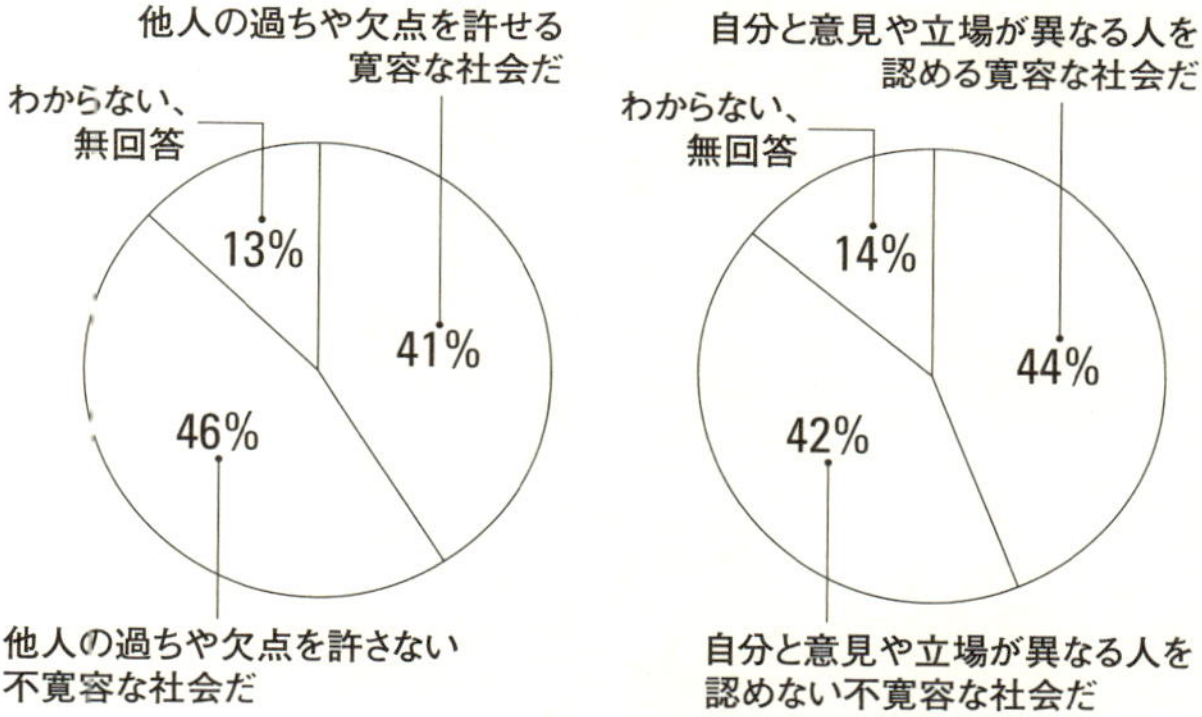

出典：NHKスペシャル「データで見る不寛容社会」より作成

質問項目の設計や語句の定義等についての学術的な意味での妥当性はいったんさておくとして、ここで描かれた日本の姿はなかなか興味深いものがある。

この調査の冒頭、日本の寛容性について、端的に「今の日本の社会について、どう思いますか」と問うた項目がある［図表1］。

これらの質問に対する回答を見てみると、一見寛容／不寛容は拮抗しているかのようだ。その一方で、より具体的な質問を投げかけていくと、また別の側面が浮かび上がってくる［図表2］。

寛容かどうかという抽象的な質問で問うと拮抗していたのに対して、具体的な質問にして掘り下げると、このアンケートに回答した人のなかでは、「心にゆとりを持ちにくい社会だ」「自分のことばかり考えている人が多い」「いらいらすることが多い」「ほかの人種や民族に対する差別がある」という質問に肯定的な回答をした人がそれぞれ主流だったことがわかる。

このような「社会の寛容／不寛容」に注目した企画は、NHKだけではなく民放の番組でも見られた。

たとえば、2016年10月2日の日曜日に、1週間の出来事やニュースを論客たちとともに振り返るTBS「サンデーモーニング」内の「風をよむ」という名物コーナーは「弱者に冷たい日本社会」を特集した。

番組の概略は、弱者を狙った2016年の事件を振り返りながら、識者がコメントしていくという構成であった。取り上げたのは、以下のような事件だ。

2016年には、確かに弱者を狙った事件が相次いだ。2月には川崎市の老人ホームで高齢者が転落死する事件が続き、元職員が逮捕されているが、動機として「仕事のストレス」を挙げている。

[図表2] 今の日本の社会について、どう思いますか②

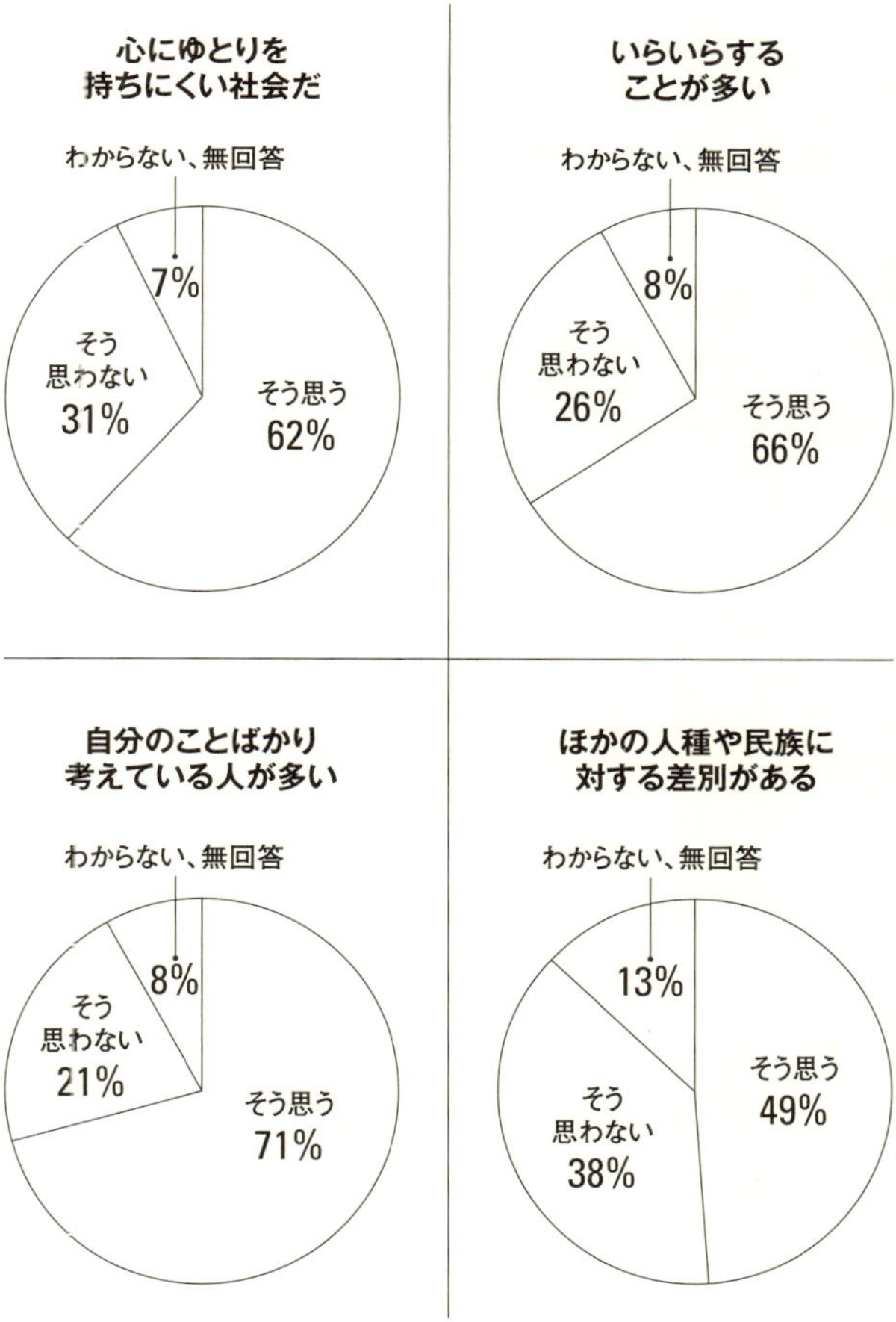

出典:NHKスペシャル「データで見る不寛容社会」より作成

7月には相模原市の障害者施設で無差別殺人事件が起きた。入所者19人が殺害され、27人が重軽傷を負うという衝撃的な事件があった。犯人は元職員。逮捕後の取り調べでも「障害者は不要な存在」といった発言を続けているという。

9月の横浜市大口病院では高齢者の点滴に界面活性剤が混入し直接的には2人が死亡し、さらに50人近い高齢者に不審死の疑いが生じるという「事件」があった（本書執筆時点では犯人は捕まっておらず、事件と事故の両方の可能性がある）。

2016年はこのように高齢者や障害者を狙った事件が相次いだ。自分とは異なる「他者」に対する排除や、自分が認識する社会への違和を自分よりも弱い対象に向けるような動機が報じられている。

コメンテーターで、早稲田大学名誉教授の加藤諦三は、「現代社会は資本主義が成功しすぎて、仕事のできる／できない、社会的な成功を成し遂げたかどうかなど人の価値を計る尺度が単純になった」「人間には人間として当たり前の共通感覚があり、それによって社会が成り立っている。現代人はその『自明性の喪失』に直面し、驚くような事件が起きる」という趣旨のコメントを残している。

筆者も定期的にコメンテーターを務めているのでわかるが、テレビコメントは一瞬だ。大学やゼミで延々議論したり、話したりしている身からすると、驚くほど短い。長くテレビやラジオでコメンテーターを務め、名コメンテーターとして知られる、ジャーナリストの竹田圭吾が著書のなかでテレビコメントについて、以下のように評している。

コメントにはひな形のようなものはないし、スタジオの展開が台本どおりにいくこともありません。番組の流れを動体視力でとらえつつ、キャスターが投げてくるボールを瞬間の状況に応じた角度で打ち返す。アスリート的な感覚が必要な作業です。（『コメントする力』〈2013年、PHP研究所〉より引用）

そのような現場で発せられたコメントではあるものの、前述の加藤のコメントの表現には興味深い点がある。

「資本主義の成功による価値観の尺度の単純化」と「自明性の喪失」である。

この2つの、油断すれば頷いてしまうかもしれない、もっともらしい表現はコメンテーターの定番コメントだ。何でもそれらしく説明できてしまう。

とくに後者は、女子高生の援助交際やオウム事件で論壇やメディアでもよく知られるようになった、社会学者宮台真司が90年代後半から頻繁に用いてきた道具立てでもある。宮台は90年代の援助交際について「仲間以外のその他の人間は『風景』として認識され、伝統的な規範意識からの逸脱を促している」とその動機や価値観の変容を分析し、当初「性の自己決定権」と「封建的な家父長制崩壊」といった観点から肯定的に捉えていた（たとえば『制服少女たちの選択』〈1994年、講談社〉）。

ほかにもさまざまな対象にフィットしてしまう抽象度の高い概念なので、便利といえば便利だが、2016年の今更いわれても、あまりしっかりと事態を説明された気はしない。

筆者の認識では、冒頭にも述べたように、価値観は多様で複雑になっている。その一方で、社会の仕組みは「みんな一緒」の時代の名残を色濃く残したままで、現状と実態に大きなギャップが生じている。

それでは「日本社会においてどのように価値観の尺度が単純化したのか」「日本社会において自明性はなぜ喪失したのか」と問いのかたちをかえて掘り下げてみると、どうだろうか。

社会学的な観点からの「不寛容」とは

社会学ではときに「社会意識」に注目する。

ここでいう社会意識とは、客観的な社会の実態や合理性とはときに無関係な生活者の認識の総体のことである。

生活者の物事の捉え方は接触しているメディアや習慣、教育等の影響を受けて形成され、一度形成されると、なかなか変化しない。データが指し示すような客観的な変化や制度変更の速度とくらべると、ずっと緩慢《かんまん》に変化しがちである。

後発の社会科学として出発した社会学は、法律や経済の変化といった比較的客観的な対象を扱う法学や経済学と比較して抽象的な社会、そして社会意識に注目してきた伝統がある。

社会科学の古典的名著として読まれることも少なくないフランスの社会学者エミール・デュルケームの著作に『自殺論』がある（たとえば邦訳として、宮島喬訳で1985年に中公文庫に収録されている）。

自殺は、個人の選択において、ある意味では究極の選択のひとつだが、自殺概念を当時の統計データも参照しながら整理し、近代的な自殺の動機を道徳概念の喪失や大きな変化といった社会規範の揺らぎに見出している（「アノミー的自殺」）。


改めて「不寛容」という近年たびたび立ち現れる言葉と、前述の「価値観の尺度の単純化」や「自明性の喪失」という言葉に立ち戻りつつ考えてみたい（【図1】等の記述）。我々の社会が直面している不寛容の背後にある社会規範の揺らぎとはいかなるものだろうか。どのように、なぜ生じているのだろうか。

注目するのは、昭和的価値観と現代社会の実態の乖離である。前者を、我々の社会における大まかな意味での社会意識とみなしている。

日本社会において、未だに昭和的価値観は少なからず共有されていると見なすことが

[図1] 不寛容の本質

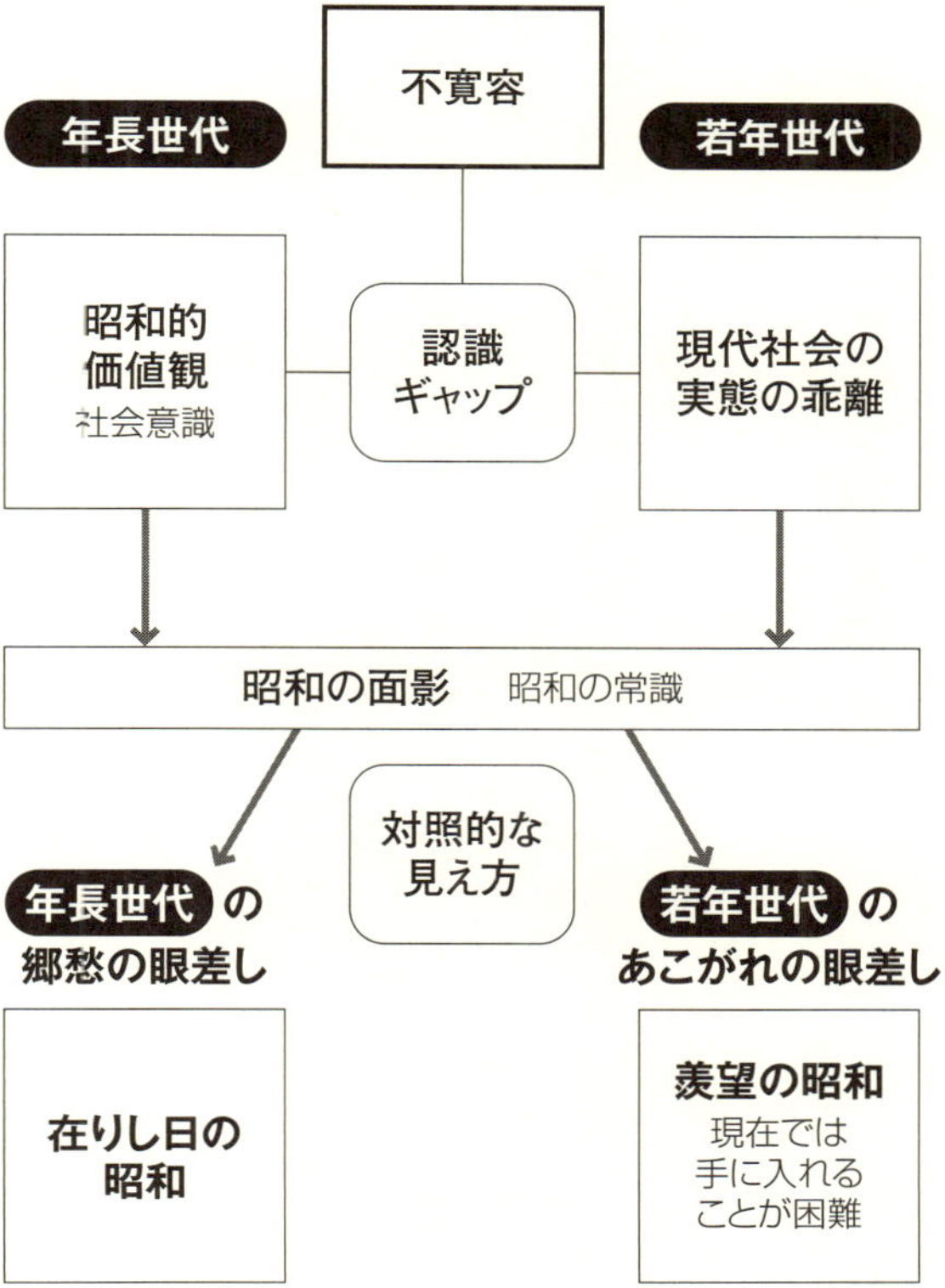
不寛容
年長世代
若年世代
昭和的
価値観
社会意識
認識
ギャップ
現代社会の
実態の乖離
昭和の面影　昭和の常識
対照的な
見え方
年長世代の
郷愁の眼差し
若年世代の
あこがれの眼差し
在りし日の
昭和
羨望の昭和
現在では
手に入れる
ことが困難

できる。だが、現代社会の実態はどうか。

以降に豊富な事例とデータを取り上げるが、すでに現代社会の社会、経済、政治、メディアといった諸側面は、昭和の時代から劇的な変貌を遂げている。

そうでありながら社会通念や常識といった社会規範のみならず、恐るべきことに制度設計でさえも昭和とその常識を踏襲している。年長世代には、現実とは適応しないそのような状況がときにノスタルジーとともに当然視される（「在りし日の昭和」）かもしれないが、若年世代の目にはギャップが強調して映るだろう。

すでに経済的なピークを越えたがゆえに、現代よりも昭和のほうがよかった点もあり、そこが無自覚だとすれば羨望の対象にさえなる（「羨望の昭和」）。

両者の狭間で、若者たちは生活防衛のため、将来の選択におけるリスクテイクを迫られ葛藤を強要されている。

ネットメディアと昭和的メディア観の乖離

いよいよ日本においてもメディアの中心的存在になりつつあるネットメディアは、豊富な情報へのアクセスを容易にしたが、データだけではなく判断の基準となる価値観の尺度も対にして提供するようになった。そのこともまた社会規範の揺らぎを不安定にすることに手を貸しているように思われる。

ネットメディアをちょっと見てみれば、すぐに「シリコンバレーのトレンドになった」「グローバルな」「成功するための」といった文言が躍る「新しい価値観」を煽った記事に出会うはずだ。

そこでは陰に陽に、「一般常識」や「古い考え方」「既存の通念」が貶められている。当然である。「新しさ」を際立たせることがそれらの記事の主たる目的なのだから。

このようなメディア環境は、個人の信念やあり方、ライフスタイル、選択の「再帰的な確認」を絶えず促す。ここでいう「再帰的な確認」とは、ある行為をしている自分の社会的地位や見え方、「良し悪し」を常に確認し、修正を施し続ける作業のことである。

現代社会の特徴を社会学者たちは再帰性（Reflexivity）に見出している。このような「新しい価値観」の大半は何度も繰り返されてきたものであることや、オリジナルの存在に気づくことができるはずだが、それでも「個人の信念」を自明のものとして貫いたり、「自尊感情」を維持し続けたりすることが難しくなっている。人間には認知の限界がありそもそも接触する情報すべてを疑ってかかったり、十分な吟味を加えたりすることはできない。差別化は市場の欲求でもあるが、個々人の有り様や存在基盤を絶えず揺るがし続けている。

「新しい価値観」が本当は陳腐なものであることやオリジナルの存在を絶えず疑うためにいつも身構えていることが要請されているという時点で息を抜くことができない環境になっていることがわかるだろう。

そもそも新聞やテレビを通じて、世代ごとに特定のテレビ番組や音楽、漫画週刊誌などを通じた共通のメディア体験を期待できるという昭和的価値観は年長世代を中心に根強く残っているが、該当する人には、前段落までの記述を経験的に理解することは難しいかもしれない。古いコンテンツへのアクセスが容易になったことで、新しいコンテンツを消費する必然性が下がった。

日本雑誌協会の調べによると、2016年の7月~9月期に初めて『週刊少年マガジン』の発行部数が100万部を割り込んだ。

『週刊少年マガジン』といえば、一昔前まで中高生を中心に主に若い世代が日常生活で共通の話題にする連載漫画を多くもった媒体の代表的な存在だった。最盛期の発行部数は400万部だったから、デジタル版での購入があるにせよ少なくとも紙版の発行部数は4分の1程度になったことになる。

まさに昭和的なメディア観と2016年のメディア消費の現実との乖離なのである。コンテンツにかぎらず、生活世界の随所にこのような気付きにくい変化が存在している。

なぜいまも残る昭和時代の社会システム

本書が発売された2017年2月を昭和で表現すると、「昭和92年」ということになるが、実際には昭和の時代は64年続いた。

昭和天皇がお亡くなりになったため昭和64年は1月7日までのわずか1週間しかなかったが、明治時代45年、大正時代15年、平成が今年で29年ということを考慮しても昭和の長さは日本の近現代のなかで際立ったものであることがわかる。

太平洋戦争の終戦は昭和20年のことだから、戦後だけを見ても45年と、明治期とほぼ同じ時間が流れたことになる。

関連して現代日本の人口に目を向けてみても、マジョリティは昭和生まれだ。昭和元年は１９２６年だから、昭和元年生まれの人は今年91歳。昭和64年、つまり１９８９年生まれの人は28歳ということになる。

その数は、およそ９５００万人、日本の人口の約75%ということになる（総務省統計局「人口推計（平成26年10月1日現在）――全国:年齢（各歳）、男女別人口・都道府県:年齢（5歳階級）、男女別人口」より）。

この数字をみても、現役世代を中心に幅広く昭和生まれのみならず昭和の時代に物心のついた世代であることがわかる。

昭和以前の明治、大正の時代において日本の近代化はその途上にあった。むろん昭和の時代においても重複する部分があるが、政治、経済について現代日本のものと異なった部分も少なくなく、たとえば終戦以前の大日本帝国憲法にもとづく社会は立憲民主主義的であったとはいえない。

それでも昭和に入ってからの日本社会は格段に体系化されていった。官僚制が整備され、工業化も進展し、教育の体系的な整備も進んだ。

昭和の時代の社会システムは現代でも少なからず踏襲され、平成の——そして「昭和92年」の現代日本においてさえ未だに昭和後期に形成された有形無形の「昭和の面影」が、現代日本社会に影響を与えている。それは主に人々の慣習や思考パターンに顕著だが、これは思えば少々不思議なことでもある。

日本の「表層」と「外見」——日本を表す客観的な指標や環境条件——は大きく変化しているからだ。

「表層」について、たとえば思い出してみてほしい。

政治、行政上の日本の中心でもある霞が関や永田町、赤坂見附周辺では森ビルが超大型再開発に手を付け、昭和に造られた老朽化が目立つビル群を平成仕様に上書きし、渋谷、新宿など東京都内のターミナルも延々再開発が続き、2020年の東京五輪を見据えた臨海部のタワーマンションへの投資熱は、「マンションバブル再来」といわれながらも未だに衰えを見せずにいる。

東京だけではない。大阪駅周辺や名古屋駅周辺などでも大掛かりな再開発が行われている。政策的に再開発が推奨されているからでもある。

外見上、日本社会はいまも変化を続けている。その事実もポスト・モダン的で少々驚きを禁じ得ないが、ただし変化のベクトルはいろいろな分野で上昇から下降へと転じている。

若年世代が感じる世代間格差

1989年に「平成」の世の中になって間もなくバブル経済が崩壊したことをきっかけにして、「失われた10年」「失われた20年」と呼ばれる、長い低成長の時代に入った。

1983年生まれの筆者もそうだが、概ね現代の40歳以下の世代（1976年生まれ前後の、いわゆる「76世代」を想定した）は、長く続く経済成長の恩恵を、少なくとも自分自身の勤労経験を通じては体感していない世代ということになる。

人口もそうだ。先ほど、日本のマジョリティは昭和生まれ世代だという事実に言及した。

日本の直近の、そして近い将来に更新されることはないと思われる人口のピークは、2008年に記録した約1億2808万人である。だが、日本の人口は減少に転じている。

総務省の調査によると、2015年10月1日の日本の人口は1億2711万人。この数字は世界で10番目の数字だが、5年ごとの人口増減率の推移では、大正9年（1920年）の調査開始以来はじめての人口減少となった（『平成27年国勢調査 人口速報集計結果 全国・都道府県・市町村別人口及び世帯数 結果の概要』）。

日本の人口は減少傾向にあり、人口の多い、団塊ジュニア世代の出生数が少なかったため、今後近い将来日本の人口が増加することは考えにくい。それどころか同程度の規模を維持することすら、あまり現実味を帯びてこない。

日本社会の高齢化の速度は凄まじいものがある。総務省統計局公開の速報には、次のような記述がある。

【平成28年10月1日現在（概算値）】
〈総人口〉１億２６９３万人で、前年同月に比べ減少　▲18万人（▲０・１４％）

【平成28年５月１日現在（人口速報を基準とする確定値＊）】
〈総人口〉１億２６９４万人で、前年同月に比べ減少　▲15万５千人（▲０・１２％）

・０～14歳人口は　１６０２万４千人で、総人口に占める割合は　12・６％
・15～64歳人口は　７６５２万人で、総人口に占める割合は　60・３％
・65歳以上人口は　３４３９万７千人で、総人口に占める割合は　27・１％

〈日本人人口〉１億２５１５万２千人

（総務省統計局『人口推計――平成28年10月報』より引用）

日本では統計上、高齢者は65歳以上として扱われているが、4人に1人を上回り、3人に1人に迫る勢いだ。

昭和の時代には日本の人口は低年齢世代を中心に大きく増加し、日本の戦後復興と経済成長を支えた。いわゆる「人口ボーナス」だが、現在我々が直面しているのは人口ボリュームがある団塊世代の高齢化対策のための社会保障費の激増とそれに対応した増税、景気低迷、人口減少が互いに影響しあう「人口オーナス」と呼ばれる厳しい局面である。

日本社会の表層や外見は変化を続けているが、昭和の時期とは変化のベクトルがすでに異なっている。これから本書で描くように各所でその影響は顕在化しはじめているし、今後ますます顕著になっていくはずだ。

実態の変化は急速だが、人間の認知には限界があり、またそれぞれの生活世界は限定されている。社会の変化と比較すると、人々の認識や行動様式の変化は緩やかに進行する。そしてそこに生じるギャップも生活や社会に影響を与えることがある。

続く章においては身近な生活世界の、しかしあまりその実態が知られていないと思われる話題を中心に、それらを取り巻く認識とギャップについて取り上げる。

それぞれの分野においては相応の「常識」となっている話題も少なくないが、全体を通して総合してみると、ひとつやふたつくらいは「知らなかった」という事例が出てくるのではないかと思う。

本書では昭和的価値観をすでに実態が失われつつあるという意味を込めて「昭和の面影」と呼び、客観的な現実との乖離を描き出し、さらに「昭和の面影」の「在りし日の昭和」と「羨望の昭和」という二重性に注目する。

主に昭和に現役時代を送った年長世代の眼差しが「在りし日の昭和」であり、もうひとつは昭和よりも平成の時代以後に現役を迎えた若年世代による「羨望の昭和」だ。

ここでいう「在りし日の昭和」とは、将来の成長を十分な妥当性をもって期待することができた時代の昭和像である。

その時期の政治、教育、経済、労働市場の「常識」は確かに現在にも影響を与えていて、年長世代はそのことを当然のことだと認識し、その認識に基づいた発言や提言も少なからずなされている。

ただし、すでに、「在りし日の昭和」を支えた環境条件は変化している。したがって認識が更新されないままに、悪意なくなされた発言であっても、ときとして異なる世代からすると、まったくもって受け入れられないものになっていることがある。そのときにはこういった「アドバイス」は、まったくもって有益なものではなく、ただの懐古主義的な物言いになってしまっているのだ。

それに対して、「羨望の昭和」とは何か。現在では手に入れることが困難になった昭和の常識のことである。それらは総じて「安定」の象徴である。主に若年世代からの眼差しということになるだろう。

年長世代と若年世代の認識ギャップ

2010年代の日本社会は昭和期に築かれた予見可能性が成り立たなくなり、見方によっては過酷なものになりつつある。

日本の経済的優位性も明確ではなくなった。国内の大学進学率は向上し、「世界との競争」も要求される。

世帯所得や年齢に伴う給料の伸びもかつてほどではないうえに、介護や高い税率は現役世代の足かせとなっている。

しかし何よりきびしいのは、多くの生活者にとっての「予見可能性」が減少したことだ。予見可能性の減少は、自己決定と選択の機会の増加を意味する。

おって紹介していくように、昭和の日本社会は善かれ悪しかれ生活、会社、制度が連動していた。もちろん男女の公平性や社会の格差に多くの課題があり、それらはまったく肯定されるべきものでもないが、その一方でそこにはある種の「予見可能性」とそれにもとづいたある種の「安定」が存在した。「安定」は大半の生活者にとっては歓迎すべきものであったし、昭和の時代を通してその達成が切望されてきた。

妥当な学歴から就職先、結婚適齢期と機会、標準家庭、住宅ローン、買うべき自動車に至るまで、容易にそれなりに望ましい予測ができたのである。

「歴史的にみれば、安定の時代のほうが珍しかった」「安定は昭和の一時期のことにすぎない」と切って捨てることは容易いが、意外とその達成を手放すコストは高い。

確かに現役（若年）世代は圧倒的に「自由」になった。学歴、就職先、家族形成、その多くを自ら選択できるようになったともいえる。だが海外も含めて、進学先も、就職先も選択すること「も」できるようになったが、そのことは実際に選択できるということと、その選択が従来の選択と比べて「幸せ」であることを意味するわけでもない。

前例の乏しい選択肢の多さは、「自己責任に基づく主体的な決断」を要求する。

それにともなって、進学先や就職から家族や住居、自動車に至るまで自分の責任で選ばなければいけなくなった。選択できるようになったし、選択せざるをえなくなったのである。長期のローンに基づくマイホームや自家用車の購入など、風前の灯と化した「昭和の面影」も少なくない。

かつての優良企業は不正と汚職で外資系企業の傘下に入り、大規模なリストラを繰り返している。昭和の時代に、40代でリストラにあうことを想定し準備をしていた会社員がどれだけいただろうか。

現代の大学生に要求される水準も、見方によっては理不尽なものとなっている。海外の学生と競合できるような能力、語学水準、そして海外留学を含む「多様な経験」が求められながら、文部科学省と大学は大学単位の厳格化を「教育の質保証」の名目で要求するようになった。両者は直近では正反対の要求を同時に突きつけている。

現在の大学には年長世代が体験したような「出席しなくても単位が取れる」講義はどんどん減少していく傾向にある。講義の3分の2には出席し、しかも単純な出席ではなく何かしら課題や作業をこなしてはじめて「平常点」となる。

また仕送りの金額も減少している。家計所得の減少にともなって、大学生はアルバイト等で学費を調達しなければならなくなったことを受けて、高等教育のコストの担い手が家族から本人へと移行している。海外と比較して相対的に日本の大学（とくに国立大学）の学費は安価だが、国内の年長世代と比較して若年世代の負担感は相当に高くなった。

学力のみならず、コストも含めてリクエストの上限が見えない多様な経験や海外留学を踏まえても、「妥当な選択肢」が見通しにくくなっている。昭和期の「学生の常識」は非常識になった。

経済や社会の条件面の変化は、個々人の選択肢の制限を要求するようになっている。そのような選択の契機と状況について、当事者自身も適切に自覚できていないことは少なくないし、選択の契機を取り巻く足もとの環境条件は相当にぬかるんだものになってきている。

それで問題ないという人もいれば、それに代わる信念やビジョンを確立できていない人もいるだろう。どちらかといえば後者のほうがマジョリティに思える。

後者に該当する彼ら彼女らにとっては、「昭和の面影」は手に入れようとしても手に入れることのできない、羨むべき対象として映ることだろう。

華々しい起業家やオピニオンリーダーは「悩む必要などない」と一笑に付すかもしれないが、大半の生活者にとってそれほど簡単なものでもないし看過できるものでもない。

本書は普段なかなか意識されない「昭和の面影」と社会実態の乖離の豊富な事例を紹介していく。

単に認識のギャップではなく「昭和の面影」の「在りし日の昭和」と「羨望の昭和」

という2つの対象的な見え方に警鐘を鳴らし、日本社会が直面する認識ギャップを浮き彫りにすることが目指すところである。そこに我々の社会の不寛容や違和感、生きづらさの本質が横たわっているのではないかというのが筆者の見立てである。

第2章では、マクロの日本社会とその変化に目を向ける。国の税収や世帯収入の変化、また比較的身近な昭和的「標準家族」の変容を概観する。

第3章は政治に注目する。昭和の記憶を強く持つ年長世代にとっては反権力、反体制が自明かもしれないが、その前提条件と変化に焦点を当てる。

第4章は今日的なエリートとノン・エリートの関係を取り上げる。両者が利益相反を起こしているのではないかという見立てだ。

第5章では、少年犯罪の実態と認識を論じる。この主題は若年世代に対する「誤解」と「不寛容」の先鋭化した事例ともいえる。

第6章で扱うのは、大学と高等教育、研究環境の変容だ。教育政策は経験的に語られ、論じられることの多い主題だ。とくに80年代以降、民間有識者の観点が多く取り入れられ「改革」が進んだ分野でもある。その現状を紹介する。

各章で取り上げられるのはいずれも世代によって認識が大きく異なりそうな事例である。そのずれをシミュレーションし、対立構造、すなわち現代日本の「不寛容の本質」を見出すことが本書の挑戦である。

本書のような議論を自己責任と競争を重視する新自由主義批判につなげることは容易いが、すでに我々は十分に新自由主義的な世界を生きている。今更紋切り型の新自由主義批判を展開してみたところで虚しさが残るのみである。

かといって、「昭和の価値観を取り戻せ」とか「変化するな」ということを言いたいわけではない。前提条件が変化しているのに、それに対応して変化しなければ、単に取り残されたり保守的になることでかえって何かを失ったりすることもあるはずだ。

筆者の認識では、変化を直視しないことで、この社会が失ってきたものは少なくないように思えるからだ。

確かに「失地回復」の戦いが求められているが、その前提としてまずは我々の認識の足もとを改めて見つめ直すことから始めてみたい。

第2章

我々は「豊か」になったのか、「貧しく」なったのか

統計から日本社会の変容を映し出す

年長世代と若年世代が直面する現実の認識にギャップがあり、それらは昭和の時代に形成された「昭和の面影」なのだ……ということが本書の主張である。

それにしても我々の社会は「豊か」になったのだろうか、それとも「貧しく」なったのだろうか。むろん「豊かさ」とはいったい何なのかという定義は人それぞれだし、最近では「そもそも経済的豊かさの追求は不幸で脱成長、定常が重要だ」という人もいる。だがそのような態度表明も「なんとなく」だとか「日々の労働に疲れたから」といった情緒的な要素で決めている人もいるようにも思われる。

ある政策への態度を表明する前に、マクロの、幾つかの指標に目を向けてみてもよいはずだ。厳密には資料によっては物価や給与水準を考慮する必要があるが、現状の大まかな傾向を把握することが目的なのでそれらの点について、ここでは特段の考慮はしないものとする。

まず基本的な指標として、「一人あたり（実質）GDP」を見てみよう。実質GDP

ではインフレなどの影響が調整されている。

Google が「Google Public Data」というサービスを提供していて、さまざまなデータをビジュアライズすることができる。筆者も講義資料の作成などで頻繁に活用しているが、世界銀行のデータを見てみよう［図表3］。

このデータを見ると、日本の一人あたり実質GDPは80年代後半に世界最高水準となり、バブル崩壊後も傾きは緩やかになりつつも成長を続けている。

ただしその間にもアメリカや、シンガポールなどの新興国の経済成長は続き、日本の相対的地位は低下している。2000年代後半のいわゆるリーマン・ショックによって大きく落ち込み、その後、横ばいを続けている。

2015年末に公表された2014年の日本の一人あたりGDPは過去最低の20位となった。これは主要国G7のなかでも6位の水準であった（最下位はイタリア）。

一言でまとめれば、日本社会は、経済的な意味では貧しくなっている。世界のなかでの相対的な地位も下がっていることとあわせて、体感としてはより強く「貧しさ」が感

[図表3] 一人あたり(実質)GDP

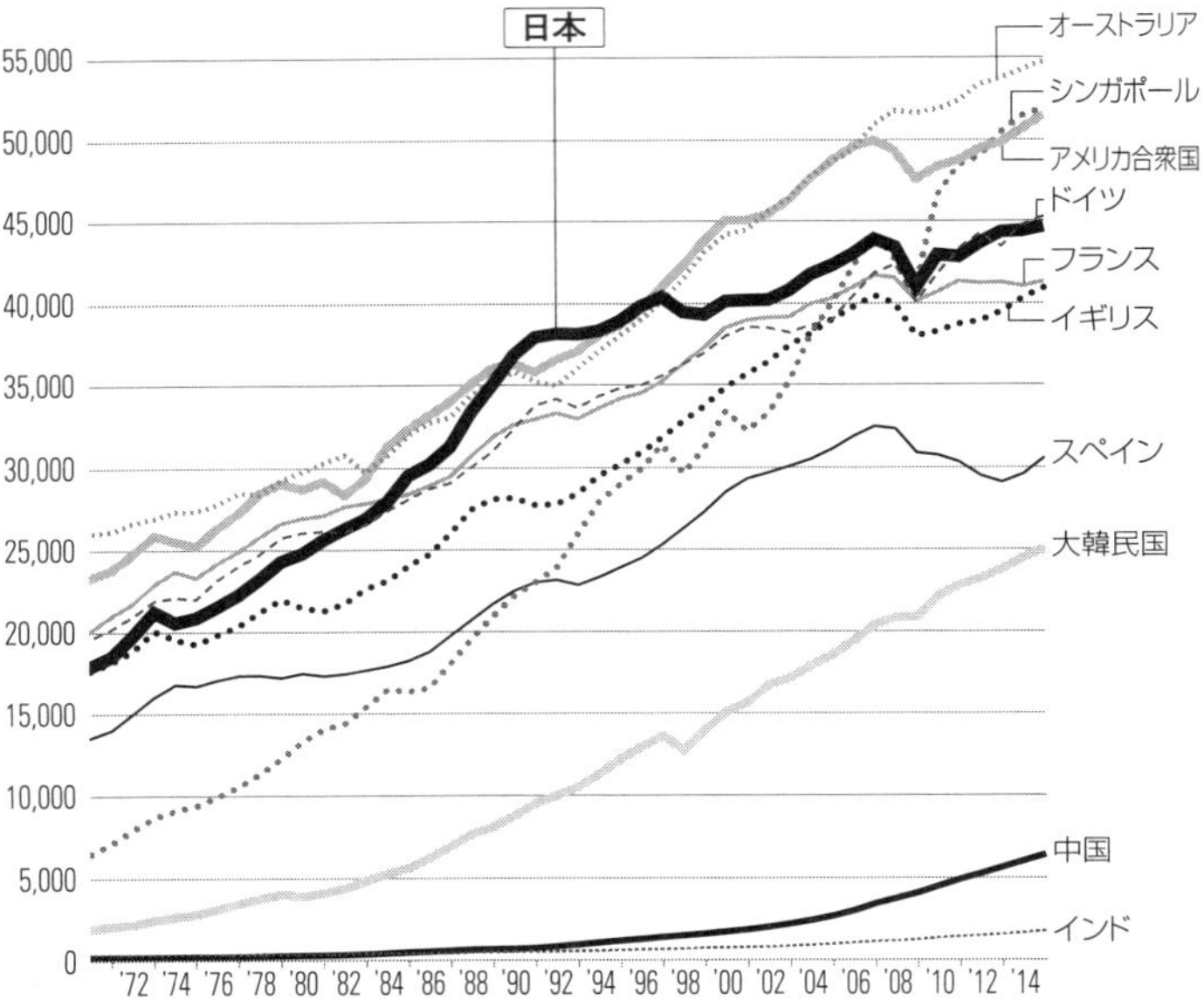

一人あたりGDP(実質値:2000年基準、米ドル表示)

出典:「Google Public Data」より作成

じられるのかもしれない。

次に我々にとって身近な世帯別家計の世代別、年次別の所得を見てみよう。世代別の差異と、トレンドに注目するというわけだ。

厚生労働省の『平成27年 国民生活基礎調査の概況』を紐解くと、世帯と所得についての調査結果が掲載されている［図表4・5］。

世帯ごとの平均所得金額は約542万円。中央値は427万円である。平均は極端な数字の影響を強く受けるが、中央値は所得上位から世帯を並べていったときにちょうどその真ん中にあたる世帯の所得を示している。

世帯の所得が「200－300万円」前後にあるのは、少子高齢化に伴う年金受給者の増加や単身世帯の増加などが影響していると思われる。

おもにサラリーパーソンが加入する厚生年金の平均月額は14万8000円であり、近年およそ同様の水準で推移している（厚生労働省年金局『平成26年度 厚生年金保険・国民年金事業の概況』より）。

[図表4] 所得金額階級別世帯数の相対度数分布（平成27年調査）

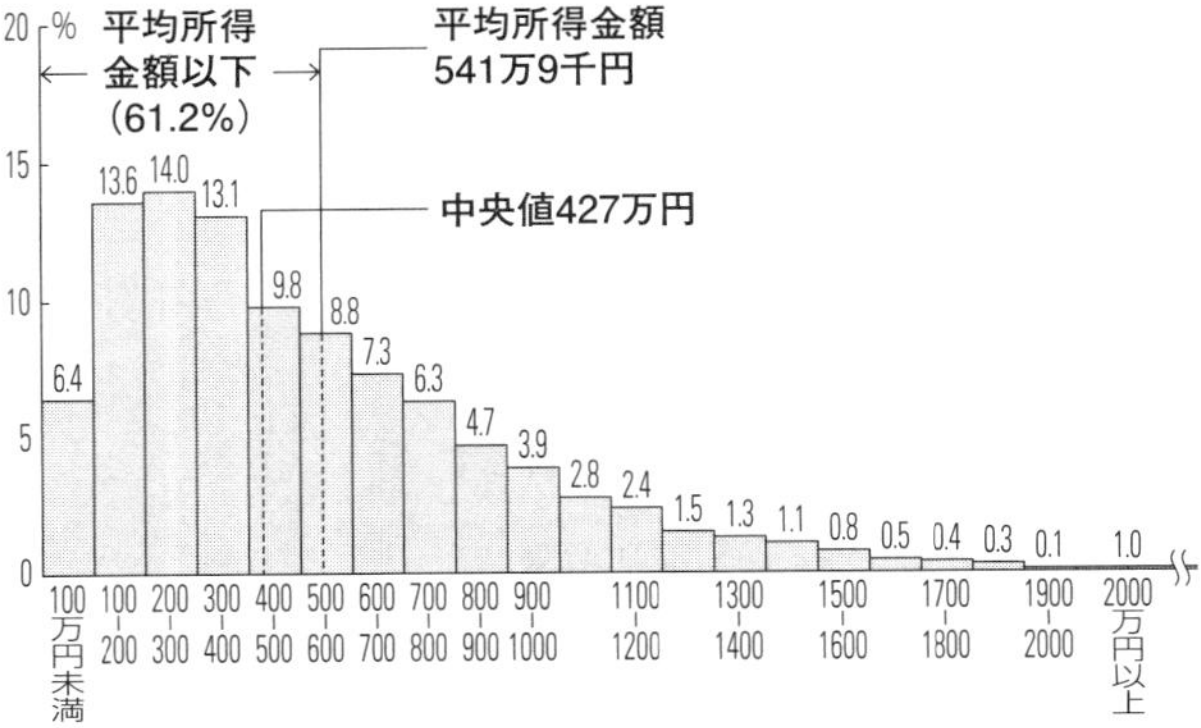

出典：厚生労働省『平成27年 国民生活基礎調査の概況』より作成

[図表5] 世帯主の年齢階級別にみた1世帯当たり－世帯人員1人当たり平均所得金額（平成27年調査）

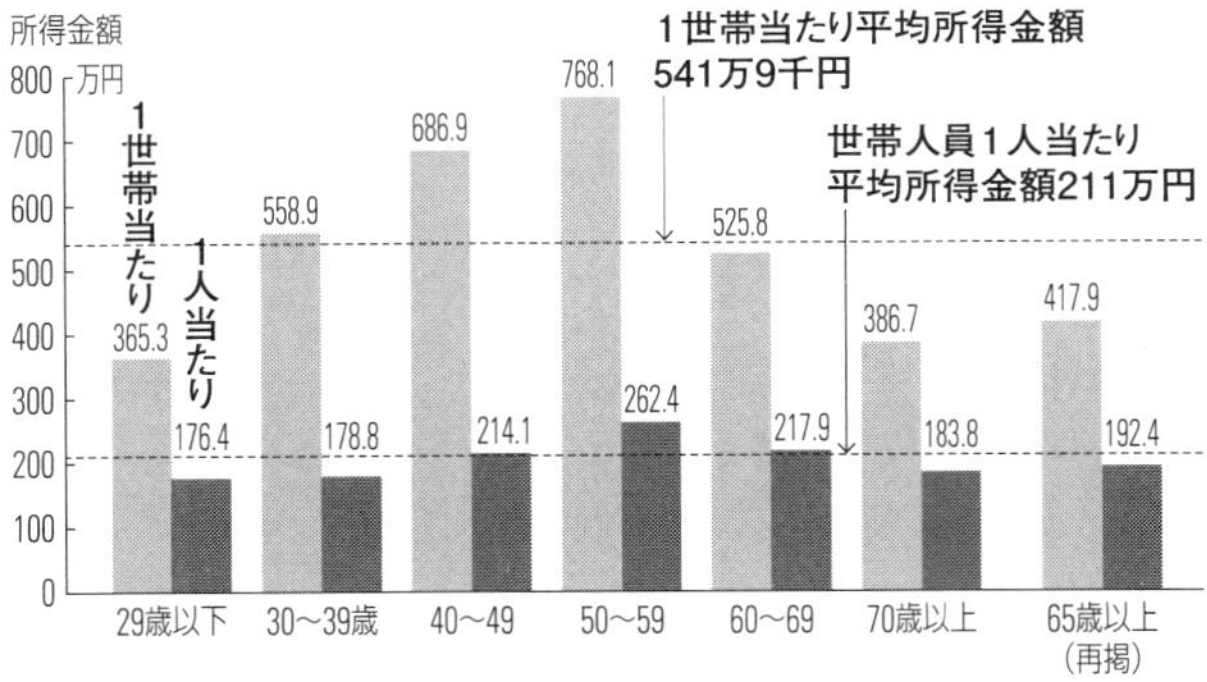

出典：厚生労働省『平成27年 国民生活基礎調査の概況』より作成

また国税庁の『平成26年分　民間給与実態統計調査―調査結果報告―』を参照すると、給与所得者の平均給与は、平均415万円であった。ただし正規478万円、非正規170万円と大きな格差があることがわかる［図表6］。過去10年、高齢化に伴う平均年齢の上昇の影響を考慮しても、平均給与に顕著な伸びは見出せない。それどころか10年前より低い水準に留まっている。

再び、厚生労働省の『平成27年　国民生活基礎調査の概況』に戻る。世帯の種別を「全世帯」「児童のいる世帯」「高齢者世帯」で区分し、平均所得の推移を見ると、「児童のいる世帯」では1996年が平均所得のピークで、この年約782万円を記録している［図表7］。以後、「児童のいる世帯」でも平均所得はほぼ横ばいのままである。

非正規雇用の割合はどのようになっているのだろうか。

厚生労働省の資料を通じて、男女の15歳以上の有業者の正規雇用、非正規雇用の比率

[図表6] 民間平均給与

区分(平成)		平均給与(千円)	伸び率(%)	内 正規	伸び率(%)	内 非正規	伸び率(%)	平均年齢(歳)	平均勤続年数(年)
16年分		4,388	▲1.1					43.5	11.7
17		4,368	▲0.5					43.8	11.8
18		4,349	▲0.4					44.2	11.6
19		4,372	0.5					44.1	11.6
20		4,296	▲1.7					44.4	11.5
21		4,059	▲5.5					44.4	11.4
22		4,120	1.5					44.7	11.6
23		4,090	▲0.7					44.7	11.6
24	男	5,020	▲0.4	5,205	—	2,255	—	44.9	13.3
	女	2,678	0.0	3,496	—	1,436	—	45.0	9.7
	計	4,080	▲0.2	4,676	—	1,680	—	44.9	11.9
25	男	5,113	1.9	5,266	1.2	2,245	▲0.4	45.1	13.3
	女	2,715	1.4	3,561	1.9	1,433	▲0.2	45.3	9.7
	計	4,136	1.4	4,730	1.2	1,678	▲0.1	45.2	11.8
26	男	5,144	0.6	5,323	1.1	2,220	▲1.1	45.4	13.4
	女	2,722	0.3	3,593	0.9	1,475	2.9	45.6	9.9
	計	4,150	0.3	4,777	1.0	1,697	1.1	45.5	12.0

出典:国税庁『平成26年分 民間給与実態統計調査―調査結果報告―』より作成

[図表7] 各種世帯の1世帯当たり平均所得金額の年次推移

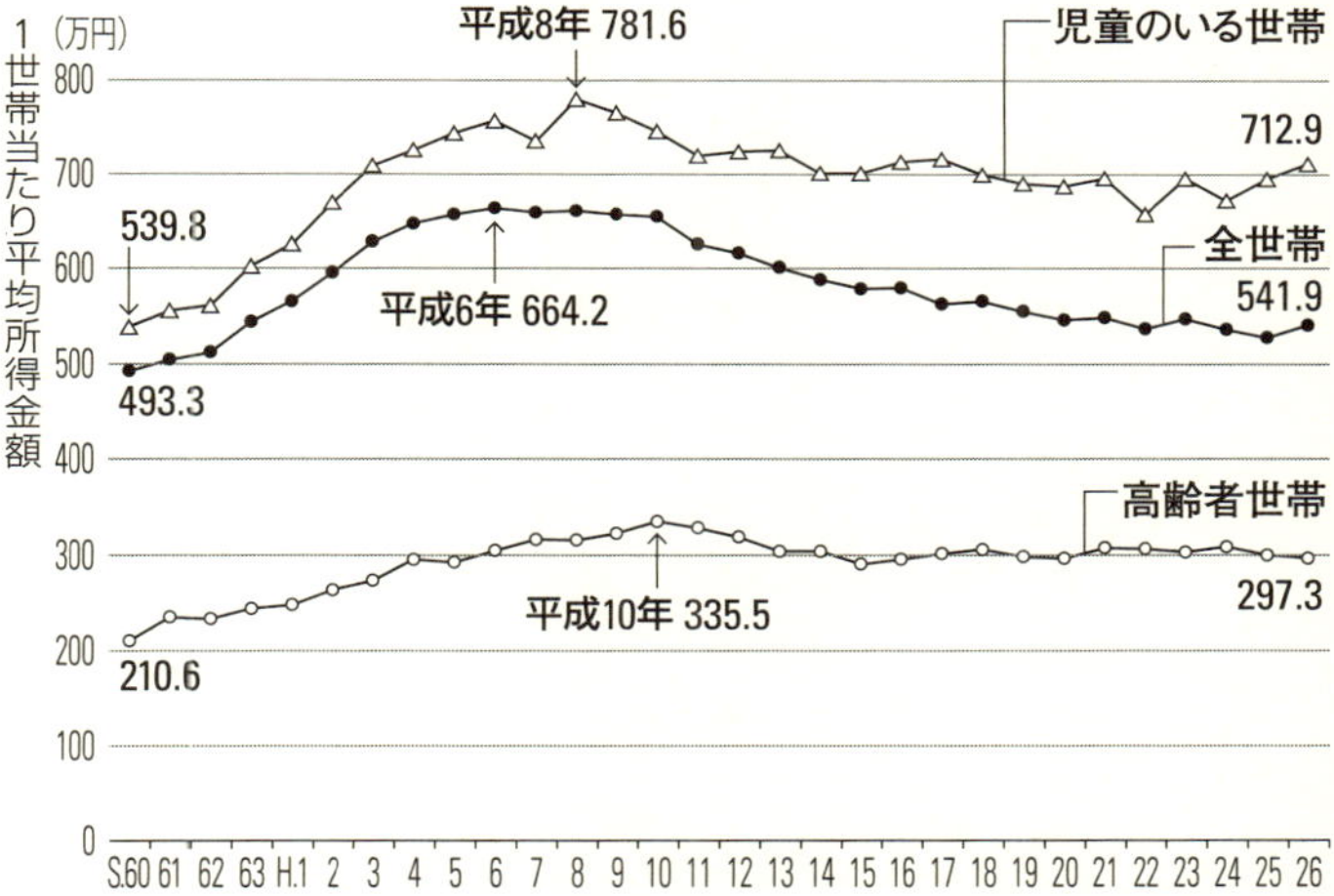

注 1. 平成6年の数値は、兵庫県を除いたものである。
2.平成22年の数値は、岩手県、宮城県及び福島県を除いたものである。
3.平成23年の数値は、福島県を除いたものである。

出典:厚生労働省『平成27年 国民生活基礎調査の概況』より作成

［図表8］性・年齢階級別にみた15歳以上の者の就業の状況

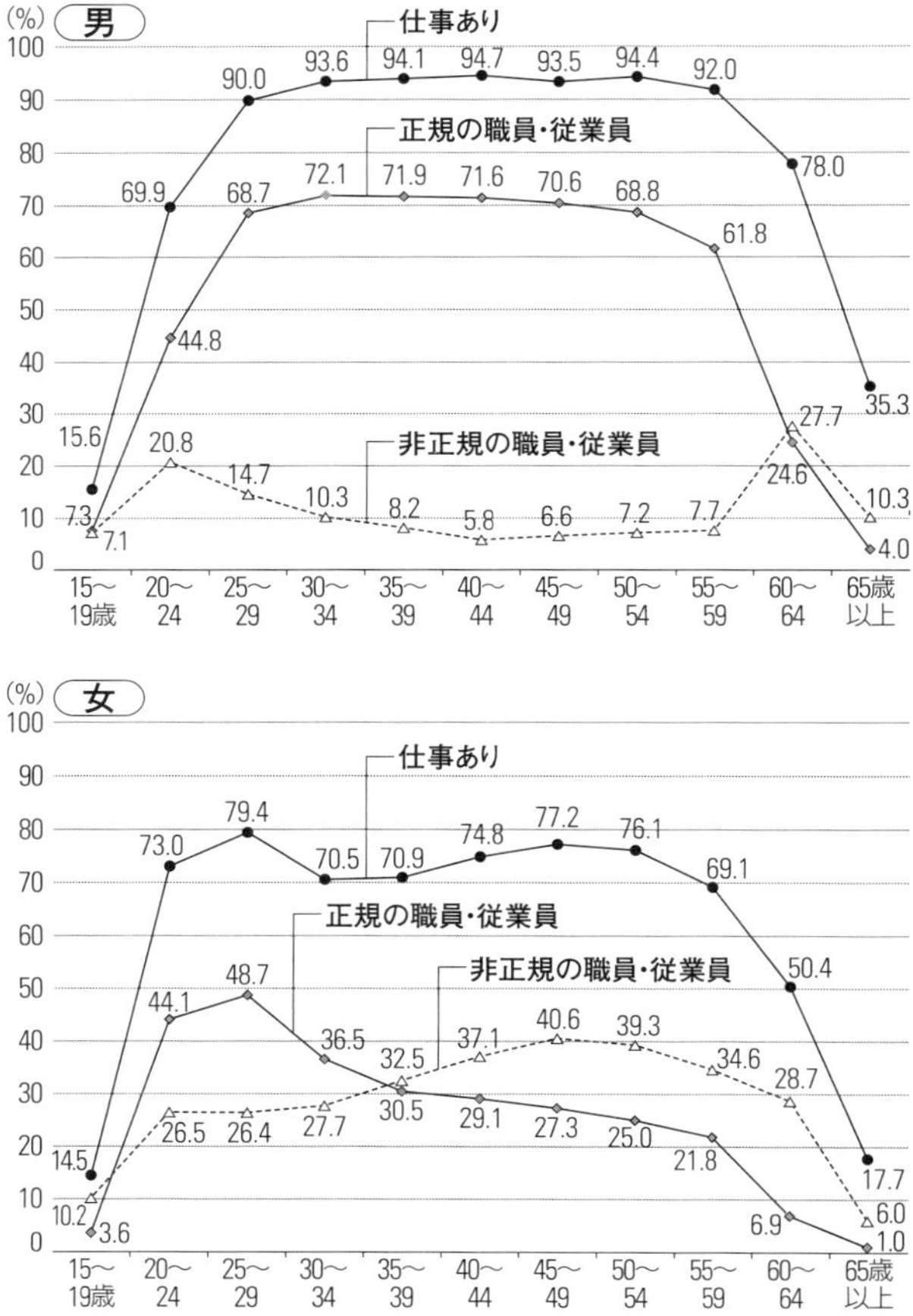

注:「仕事の有無不詳」を含まない。

出典：厚生労働省『平成27年 国民生活基礎調査の概況』より作成

を知ることができる［図表8］。

世帯の生活意識では、世帯の半数以上が、生活意識として「大変苦しい」「やや苦しい」と回答しており、さらに子ども（児童）を抱える世帯ではより強く「苦しさ」が意識されているようだ［図表9・10］。

世帯数と平均世帯人員についてはどうだろうか。高齢者と未婚者からなる単身世帯の増加、子どもの数の減少などが原因と考えられるが、日本社会の平均世帯人員は右肩下がりで、逆に世帯数が右肩上がりで増加していることがわかる［図表11］。

我々の社会は少子高齢化にともなって、個々人がばらばらに生きるようになりつつあるのだ。そして子ども（児童）がいる世帯は少数派になったのである［図表12］。

[図表9] 世帯の生活意識の年次推移

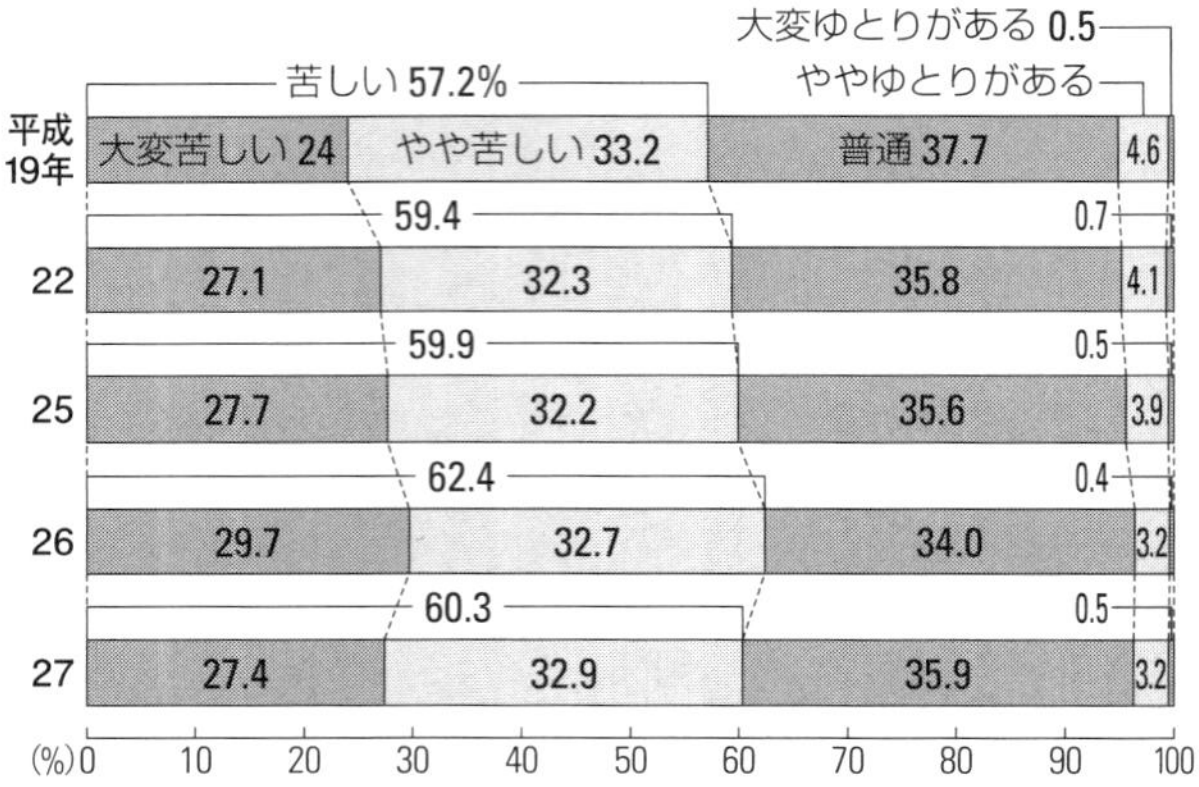

出典:厚生労働省『平成27年 国民生活基礎調査の概況』より作成

[図表10] 各種世帯の生活意識

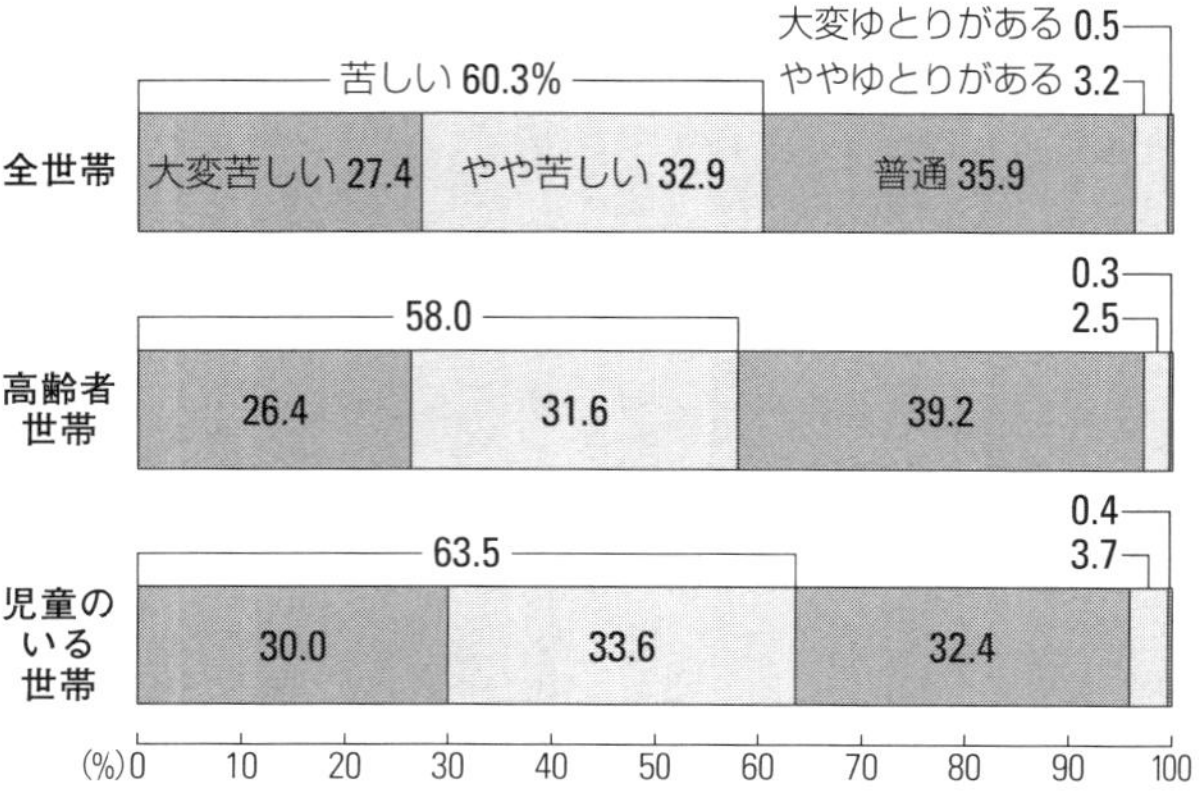

出典:厚生労働省『平成27年 国民生活基礎調査の概況』より作成

[図表11] 世帯数と平均世帯人員の年次推移

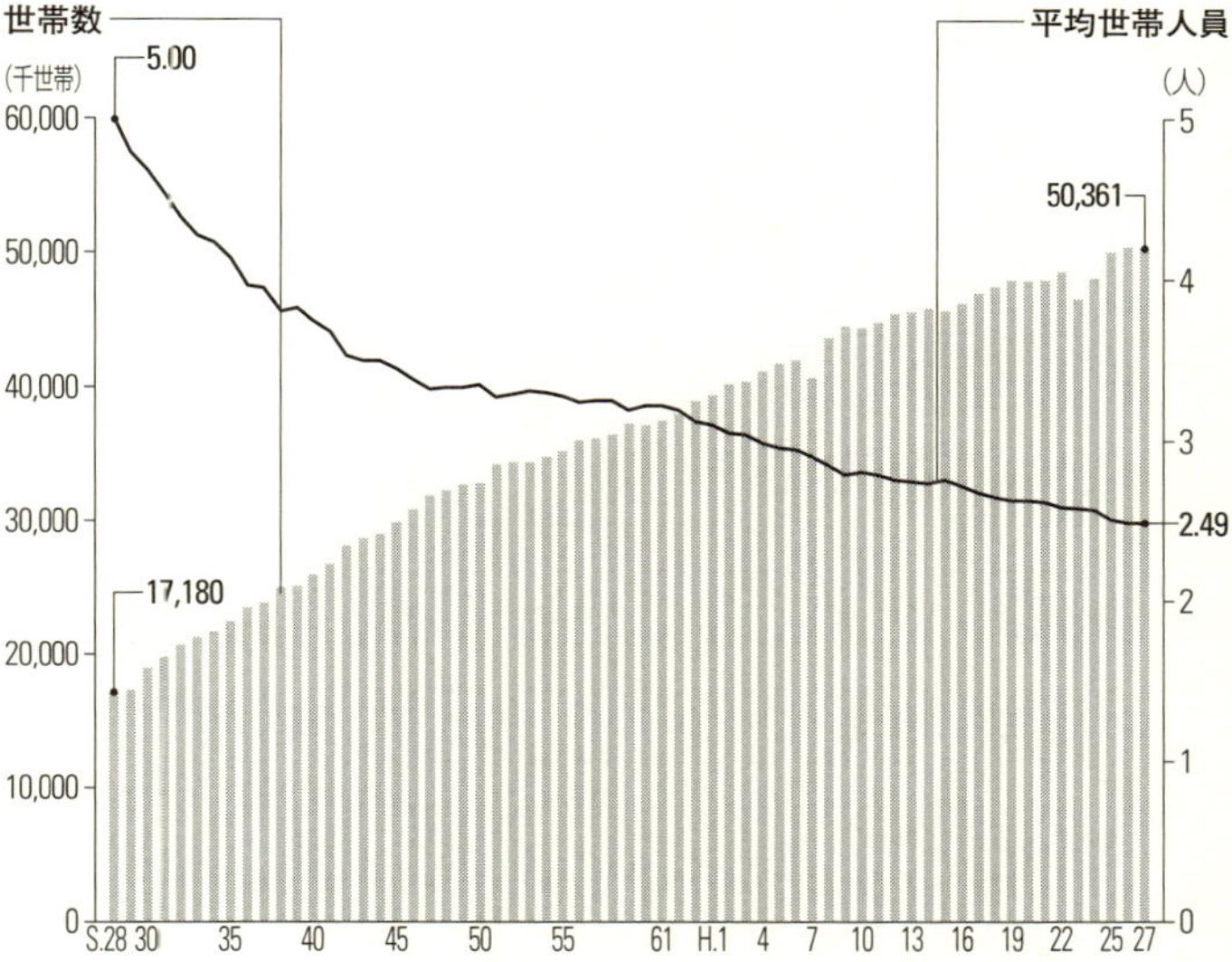

注 1.平成7年の数値は、兵庫県を除いたものである。
2.平成23年の数値は、岩手県、宮城県及び福島県を除いたものである。
3.平成24年の数値は、福島県を除いたものである。

出典:厚生労働省『平成27年 国民生活基礎調査の概況』より作成

[図表12] 児童の有（児童数）無の年次推移

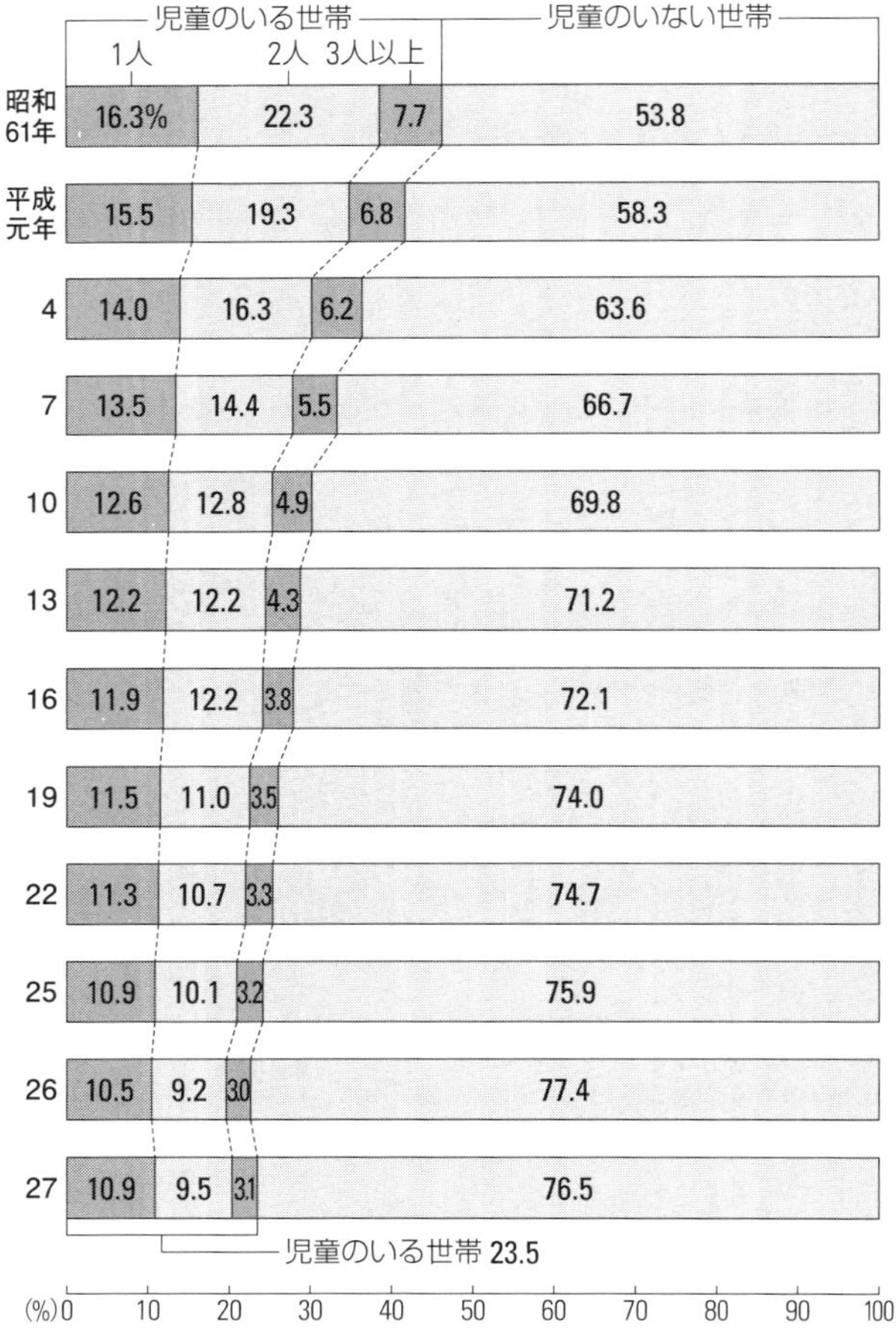

注：平成7年の数値は、兵庫県を除いたものである。

出典：厚生労働省『平成27年 国民生活基礎調査の概況』より作成

標準モデル世帯の崩壊

昭和の終わりには、まだ子ども（児童）のいる世帯と、いない世帯の数は拮抗していた。だが前者は年々減少し続け、２０１５年には児童のいる世帯は約24％にまで減少した。

共働き世帯が増えていることも考慮すると、昔と比べてまちなかで「子どもを連れた家族」を目にする機会が減っているように感じられてもおかしくはない。

確かに現代社会で「子どもを連れた家族」は、マイノリティなのである。

こういう言い方をすることもできるだろう。現在進行形で子どもを育てている、いまの世の中で子どもを育てるとはどういうことかを経験的に理解できる人たちが減少している、とも。

ここまでの記述を通して、勤め人の夫と専業主婦の妻、子ども2人という「標準世帯（標準モデル世帯）」概念がすでに現実味を持たなくなっていることに気づくことができるだろう。この標準世帯観は広く年金のモデルとして使われてきた。

たとえば厚労省は、「モデル世帯」として、次のように定義している。

所得代替率の算出にあたりモデルとしている世帯。標準的なモデル世帯として平均的な男子賃金で40年間厚生年金に加入した夫と、40年間専業主婦の夫婦を想定している。（厚生労働省「いっしょに検証！　公的年金」〈http://www.mhlw.go.jp/nenkinkenshou/glossary/ma/ma_model.html〉より引用）

ところが、今や共働きは珍しいことではないどころか、量的に見ればこちらが主流だ。むしろ「標準世帯の非標準化」が進んでいる。

内閣府の『平成28年版男女共同参画白書』を参照すると、平成の時代に入って両者は拮抗し始め、１９９７年に共働き世帯が上回ってから、以後、両者の間は開き続け、現在に至っている［図表13］。

「在りし日の昭和」の時代に当たり前だった、「働くお父さんと、専業主婦のお母さん、

[図表13] 共働き等世帯数の推移

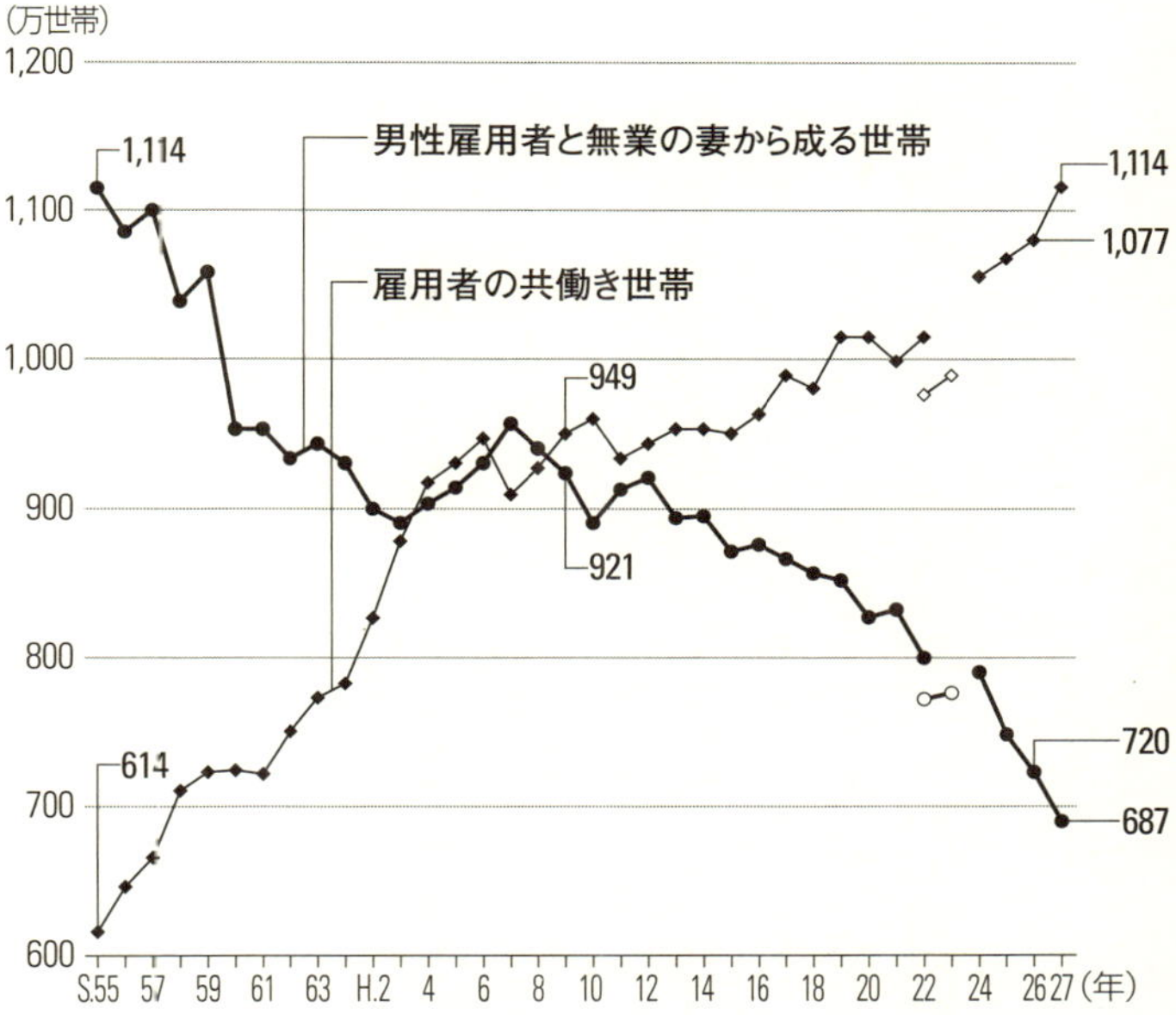

(備考)

1. 昭和55年から平成13年までは総務庁「労働力調査特別調査」(各年2月。ただし、昭和55年から57年は各年3月)、平成14年以降は総務省「労働力調査(詳細集計)」より作成。「労働力調査特別調査」と「労働力調査(詳細集計)」とでは、調査方法、調査月等が相違することから、時系列比較には注意を要する。

2. 「男性雇用者と無業の妻から成る世帯」とは、夫が非農林業雇用者で、妻が非就業者(非労働力人口及び完全失業者)の世帯。

3. 「雇用者の共働き世帯」とは、夫婦共に非農林業雇用者(非正規の職員・従業員を含む。)の世帯。

4. 平成22年及び23年の値(白抜き表示)は、岩手県、宮城県及び福島県を除く全国の結果。

出典:内閣府『平成28年版男女共同参画白書』より作成

兄弟姉妹がいる家族」像は、すでに前時代の家族像なのだ。それらを支えていた経済的基盤も、家父長的規範も、である。

男女間の実質的な待遇の差、正規非正規の待遇差など、社会保障、とくに貧困対策の考え方を大幅に見直す必要がある。

税収がバブル期の水準にもかかわらず豊かさを感じない

ここからは一転して、視線を世帯から国家に移してみよう。なかでも「国家」の税収（一般会計）に注目してみたい。国庫に入る歳入には税収のほかにも政府資産整理収入や雑収入、公債金などの項目があり、民主党政権の時代に有力な財源になるのではと期待されながら空振りに終わったことで一躍有名になった特別会計もある。

一般会計における税収の三本柱は、所得税、消費税、法人税で、課税の主たる対象は、個人か企業等の事業体だ。日本という国家は、これらの主体からどれほどの税収を挙げているのだろうか。

財務省が制作、公開している「一般会計税収の推移」が参考になる［図表14］。

[図表14] 一般会計税収の推移

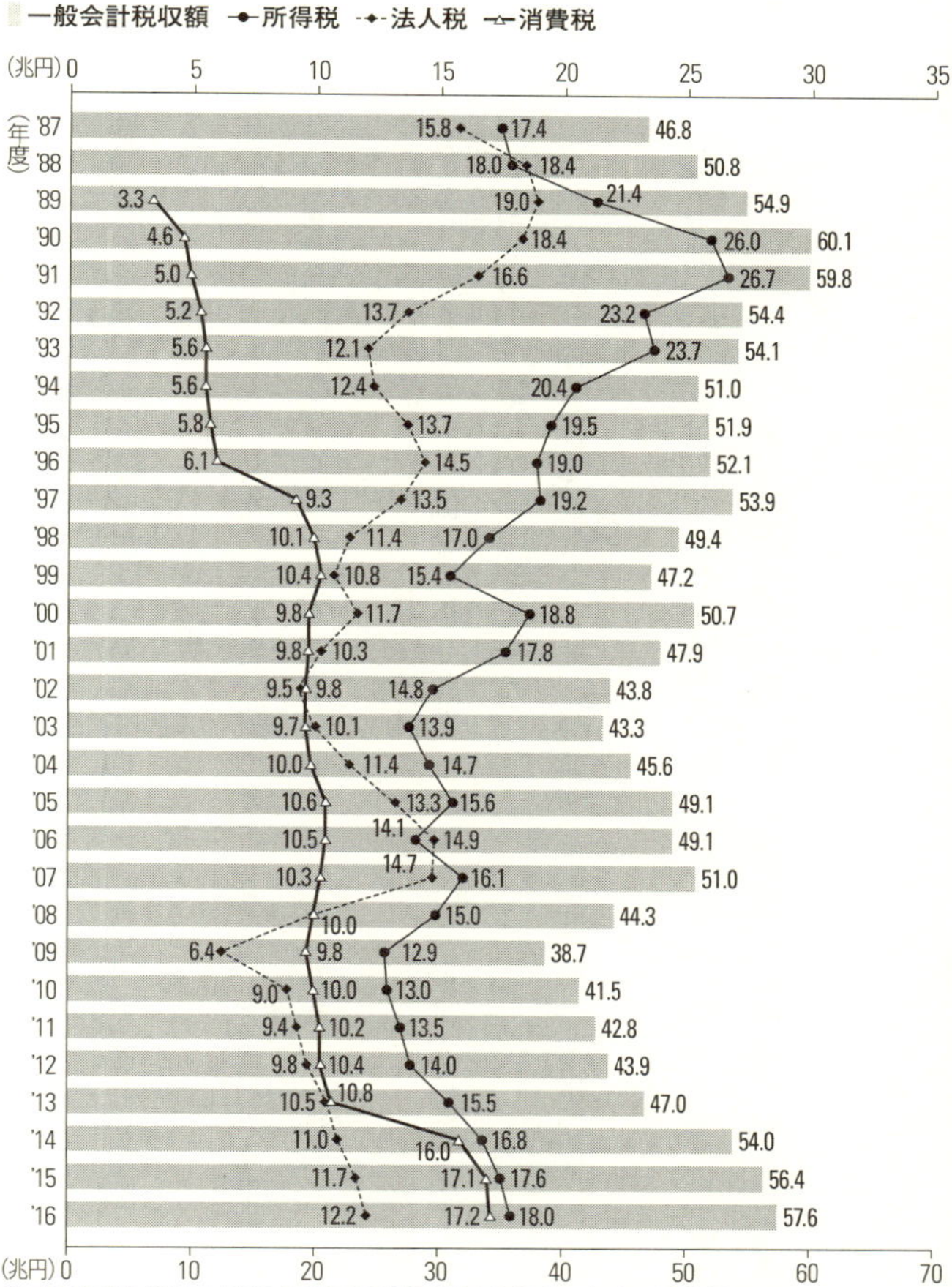

注：'14年度以前は決算額、'15年度は補正後予算額、'16年度は予算額である。

出典：財務省『一般会計税収の推移』より作成

2016年の予想税収は、約58兆円。総額の大きさもさることながら過去の直近30年のピークに注目すると、税収のピークは1990年の60・1兆円。2番目が91年の59・8兆円。いずれもバブル崩壊直前の株高の時期のことである。

現在の税収と比較してみると、89年の税収約55兆円を上回り過去3番目の水準になる見通しだ。バブル崩壊前の時期と比較しても、現在の税収はかなり高い水準になっているといえる。

だがその一方で、一時期よりも株価が回復したとはいえバブル期の水準には遠く及ばず、また日本企業の競争力は総じて低下している。

生活者は、すでに本章で確認してきたように、経済的に裕福になってはいないことは明らかだろう。

そのことを念頭におくと、現在の税収や、消費増税によって現状からさらに税収を増やすということは、少なくとも過去30年間で経験したことがない水準の税収を目指すという意味であることを把握しておく必要がある。

社会保障費や医療費は生存権の観点からして高齢者の増加に伴って大幅に抑制すると

いうわけにはいかないから、経済に関する「脱成長」「低成長」「定常」という路線を日本社会にあてはめると、「個々人の所得は増えないが、政府が歳入を増やす」ことを意味してしまう。

高齢化の進行に伴う社会保障費、医療費等の歳出規模の増大が原因なので、年長世代にとってはよいかもしれないが、若年世代にとってはあまり喜ばしい事態とは思えない。むろん税収以外にも、政府の歳入の経路は存在するが、「脱成長」「低成長」「定常」は果たして我々の社会の現状と合致するのだろうか。

経済成長の不足分を「助け合い」や「共助」で、という主張も聞くが、果たして質量ともに事足りるのだろうか。

高齢化にともなって、介護の担い手と責任を主に家族、血縁共同体から、(地域)社会へと移行してきた現代の介護観との両立も困難で、いずれも筆者にはあまり現実味を感じられない。2012年の第2次安倍内閣以後、「アベノミクス」をめぐって、政治は紛糾している。各政党それぞれ、さまざまなデータを挙げながらそれぞれの経済政策の合理性を主張している。いずれももっともらしいし、判断を迫られているようにも思えてくる。

だがそれ以前に、現在の国や家族を取り巻く指標から、我々がそもそも、本章で概観してきたような極めて険しい道をのぼろうとしているということを念頭に置かなければならない。細部は専門家に委ねるほかないかもしれないが、生活者も現状についての大まかな認識をもってもよいはずだ。

本書ではここまでさまざまな統計を参照しながら、現代の日本社会の変容を描き出してきた。改めて、そのことの意味を考えてみよう。

日本型システムの限界と羨望の昭和

経済学者の野口悠紀雄や社会学者の高原基彰らは、日本の社会システムの特徴として、しばしば「日本型システム」という概念を用いた説明を行っている。戦前を含む昭和の時代に形成された社会、経済、政治上の長く続く「慣行」が惰性によって現代の日本社会をも強く拘束している、という考え方である（野口悠紀雄『1940年体制〈増補版〉――さらば戦時経済』〈2010年、東洋経済新報社〉、高原基彰『現代日本の転機――

「自由」と「安定」のジレンマ』〈2009年、NHK出版〉)。「日本型システム」は、「日本的経営」「日本型福祉社会」「自民党型分配システム」という要素で構成されると高原は指摘している。

日本的経営は終身雇用に年功序列型賃金、メンバーシップ雇用などの要件からなり、日本型福祉社会は、国、個人、雇用者（企業等）の負担の分担によって成立する国民皆年金、国民皆保険が中福祉中負担で提供される社会であった。

自民党型分配のシステムは、長く続く自民党を中心とした陳情型の資源配分システムのことを指している。

これらの日本型システムが、制度としての合理性と持続可能性において限界に来ていることは疑いえない。本章で取り上げた、幾つかの指標を見るだけでも、すでにそれらが前提とされてきた社会像や家族像はもう実在しないからである。企業の雇用習慣も生産性向上のために変わろうとしている。

日本型システムに、生活者に対して、それぞれの人生、そして社会、経済、政治における予見可能性を提供していたともいえる。

ライフステージごとの消費や給料の伸び、長期の住宅ローンを通じた「夢のマイホーム」購入……。

こうした「見通しの良さ」を「つまらない」と切って捨てることは簡単だが、人間の社会はその長い歴史を通じて貧困を克服し、生活を向上させ、次の世代の繁栄を願ってきた。

日本は総合的に見れば、また世界各国と比較して、昭和末期の一時期、かなり高い水準で、それらを獲得してきたのである。

２０２０年を見据えた現在はどうか。

筆者を含めた30代以下の世代にはバブル華やかなりし頃の記憶も、「世界第２位の経済大国」としての「在りし日の昭和」の記憶もない。

予見可能性は低減し、日本社会が過去に直面してきたものとは異なった、「新たなリスク」がそこかしこに転がっている。「課題先進国」などといえば聞こえはいいが、要は問題だらけの国なのだ。

しわ寄せはリーダーやイノベーターではなく、「中流」に訪れるはずだ。「なぜ働いても、生活がよくならないのか」「子どもの経済的成功のためには、高額な教育投資が必要とされるが、できなかったらどうなるのか」「なぜ先輩と同じように大学生活を送ってきたのに、就職できないのか」……。

いまの時代にある種の困難に直面している人たちの目には、ときに不合理で、ときに不条理で、ときにつまらないなどと称されることもある昭和のさまざまな慣習はまさに「羨望の昭和」として映ることだろう。

認識ギャップの存在が意識される機会は多くはない。何を保守し、何を革新していくのかについて、これらを直視しないままに語られる機会が多いように思える。そして、過剰な楽観論と、やはり同じように過剰な悲観論が対立しているこの構図こそが現代日本の不寛容の本質ではないか。

以後の章では、日本社会のさまざまなサブシステムに焦点を当てる。本章で述べたマクロの変化に加えて、政治、犯罪、教育等の各分野における「昭和の面影」の喪失が、より具体的な姿として見えてくるはずだ。

第3章

なぜ若者は「反自民、反安倍」ではないのか

権力に反対してきた60年安保、70年安保

政治といえば反自民、反与党──。

まさに「昭和の面影」であり、学生運動に関わったような世代にとっての「在りし日の昭和」だろう。世代によっては、友人たちと肩を組んで、歌を歌いながらデモに参加した当時のことを懐かしく思い出す人も少なくないはずだ。

1960年代世界各国で「スチューデント・パワー」などと呼ばれ、世界各地で若年世代による大規模なデモや異議申し立て運動が起きた。

1950年代も終わりにさしかかろうとするころ、日本でも安倍晋三総理の祖父にあたる、当時の岸信介総理が日米安保改正を主導し、大規模なデモが各地で起きている。衆議院での採決を経て、1960年6月19日に日付が変わり条約改正は成立したが、この間、官邸前に多くの人が押し寄せた。道路交通法上の規制ができる前のことなので、「スネーク」などと呼ばれる、道路を事実上占有する現代日本ではすっかり見られなくなった蛇行歩行なども行われていた。

当時のデモも現代の官邸デモの遠い起源ともいえ、くしくも相反する立場の両者の奇妙な関係の名残は現代にも引き継がれている。

それから10年近くがたとうとするころ、岸が改定した日米安保の自動更新の節目に向けて、学生運動が激しくなった。自分たちが支払ったはずの学費の不正といった学生たちにも関係する身近な不正や抑圧は、再び学生運動に火をつけ、東大闘争や日大闘争につながっていった。東大でも学生たちがバリケード封鎖して占拠し、講義や入試が中止になったりした。

その評価は真っ二つに分かれている。当事者や研究者は日本における異議申し立て運動の本格化として高く評価する傾向にあるが、当時「対処」にあたった名官房長官として知られる後藤田正晴や、有名な警察官僚の佐々淳行の一連の手記を読むと、学生運動の過激さや暴力性には確かに眉をひそめたくもなる。

戦後民主主義の代表的論客として知られる政治学者丸山真男も大学内での学生たちの過激な行為による施設や資料の毀損などを嘆いている。

70年安保と学生運動は条約の自動承認、大学への警察力の導入によって鎮静化していく。なにより時代状況そのものが大きく移ろいつつあった。

1956年に戦前の経済水準を超えたことをもってして、「もはや戦後ではない」という有名な言葉が経済企画庁（当時）の『経済白書』を通じて流布された。前年に高度経済成長の幕開けとなる神武景気が始まったのである。

日本はすでに経済大国への途を歩み始め、「政治の季節」から「経済の季節」へと移行しつつあったのだ。

岸のあとを継いで総理の座に就任した池田勇人は「所得倍増計画」を打ち出した。経済成長重視の路線はその後の政権でも継承され、何より高度経済成長は一向に衰える兆しを見せず、第1次オイルショックが起きた1973年まで20年近く概ね10％以上の経済成長が起きた。

日本型システムの構造転換の失敗

現在超大国への途を歩む中国の経済成長を上回るような水準で、より長い期間継続したことを鑑みても、日本の高度経済成長の特異さを想起することができる。

しかもオイルショックから日本経済は比較的早い回復を見せ、その後バブル崩壊まで、日本経済は3～6％程度の成長を続けることになる。近年の1％前後の水準が常態化したこの25年間と比べても羨むべき水準といえよう。

日本の社会保障のシステムの原型が構想されたのもこの時期のことであった。ただし、そこには主体的な福祉の構想は乏しく、右肩上がりの経済成長を自明視し、いっそうの経済成長への寄与が重視されるといういびつな「福祉」の構想であった。


最近では名宰相と持ち上げる風潮が強い田中角栄元総理はその著書『日本列島改造論』（1972年、日刊工業新聞社）のなかで、日本は経済成長を続けてきたがゆえにそれに見合った福祉を必要としており、その福祉によっていっそうの経済成長を遂げるという持論を展開している。

右肩上がりの経済成長を自明視し、すでにこの時期将来の少子高齢化は指摘されていたにもかかわらず、少子高齢化に十分に耐える制度の堅牢性や少子化対策は先送りされることになった。

この時期に仕込まれることになった日本社会の「ゆがみ」については幾人かの論者が指摘している。

たとえば社会学者高原基彰は『現代日本の転機――「自由」と「安定」のジレンマ』(2009年、NHK出版)のなかで、この時期オイルショックを迎え、長期不況に陥り構造改革を図っていく西欧先進諸国に対して、比較的短期間でオイルショックを克服でき、て、しまったがゆえに社会、経済、政治の各システムの構造転換に「失敗」した日本という対比を通じて、「73年の転機」を指摘している。

高原は、直接的には90年代後半以後顕在化し、現在もだらだらと続く各種の「日本型システム」の崩壊過程で生じてきた、過剰ともいえる「不安」や「被害者意識」の原因として、社会に共有された「自由」と「安定」観の不在を指摘する。そしてそのひとつの理由をこの「73年の転機」に見出すのだ。もう少し解像度を上げてみよう。

昭和世代の若者は政治から経済へ

60年安保の「大衆蜂起」の直後に、「デモは終わった、さあ就職だ」という特集を組んだのが『週刊文春』だった。

当時同誌の編集部員だった作家半藤一利は著書『「昭和史」を歩きながら考える』（2015年、PHP研究所）のなかで自身が担当した、紀元2600年の祝賀直後のスローガン「祝いは終わった、さあ働こう」をもじった、この特集のことを振り返っている。半藤は樺美智子が死んだ、安保闘争が盛り上がっているさなかに、まるで普通に約100社の企業の会社説明会が実施されていた事実に、国づくりの理想の喪失を見た。

60年安保のころでさえこのありさまなのだから、それから10年がたった70年安保や学生運動の折には、多くの学生は「革命の理想」と「目先の現実」を両天秤にかけ、うまく折り合いをつけていたと思われる。この時期の「闘争の戦士」たちは「右手にジャーナル、左手にマガジン」の世代でもあった。当時「読んでおくべき」とされた『朝日ジャーナル』と、週刊の漫画誌のことだ。

消費社会の到来を控えた当時の大学生のある種の小器用さを形容し、現在ではもはや「ジャーナル」は消えてしまったかもしれないが、そのような未熟さを揶揄した物言いである。

彼らのなかにはその後も消費者運動や環境運動、市民運動、政治活動にとどまるものもいたが、しかしその大半は政治の季節が終わると、やはり軽やかに会社社会の担い手となった。そしてその直接間接の恩恵をもっとも受けた世代となったのである。

改めて当時の日本の政治状況に立ち戻ってみよう。現在ではともすれば当時の学生運動はいずれも伝説的に語られがちだが、当時の政治体制に大きく影響を与えることはなかった。

たとえば当時の佐藤栄作総理の在任期間は2798日で戦後の総理大臣のなかで最長である。余談だが、佐藤栄作は岸信介の弟なので、安倍総理の遠縁にあたる。

なかでも1969年12月に衆議院総選挙が行われている（「第32回衆議院議員総選挙」）。70年安保の影響が懸念されたが、自民党は前回から11議席近く議席を伸ばし、当時の社会党は55年体制のもとではじめて100議席を割り、90議席にとどまった。

脱原発、反安保を訴え若者は再び大規模デモへ

さりとて、というよりもここまで簡潔に言及しただけでも十分にその合理性を有するだろうが、学生運動の経験や直接間接の記憶を有する人たちからすると、昨今の若い世代が象徴的存在になった現代の官邸前デモは、「在りし日の昭和」の青春時代を想起させ、応援したくなるようだ。青春に対するノスタルジーのみならず、その後駆け抜けてきた半生の記憶をも刺激するのだろう。

朝日新聞をはじめとする各種メディア、とくにリベラル系のメディアや論者の論調も概ね肯定的な傾向にある。

朝日新聞は第2次世界大戦以前は「格」だけではなく発行部数でも長く代表的な新聞だった。新聞はテレビにその座を譲るまでマスメディアの代表でもあったから、昭和を代表する媒体だったのである。

だが正力松太郎や渡邉恒雄らの経営的また政治的豪腕によって、戦後読売新聞が大きく躍進し1977年に販売部数トップの座を奪取し、現在では発行部数では読売新聞が

突き放した感がある。

それでも「影響力の朝日、部数の読売」などと呼ばれたように、朝日新聞の論調は肯定否定を問わず、その時々の政治的、社会的出来事に対する態度決定のための価値基準の尺度として重要視され続けてきた。現在でもその発行部数は公式見解では600万部を上回るわけだから、インテリ層のみならずかなり幅広い人々にそのようなメルクマール（基準、指標）として受け入れられていた。

テレビがメディアの主流だった時代も朝日新聞を重要な尺度とする基調は続いた。日本では放送局と新聞社が資本関係にあるという世界のジャーナリズムの常識からすればしばしば問題視される状況が、日本へのテレビ放送導入以来、いまに至るまで続き、テレビの解説者やコメンテーターとして、系列の新聞社の解説委員や編集委員が頻繁に出演するためである。

その朝日新聞だが、新しい安保法制の採決が行われ成立した2015年9月19日の翌日、9月20日の『朝日新聞』の社説は以下のようにデモに言及している。

「憲法守れ」

「採決撤回」

新しい安全保障法制が成立したきのう未明、国会前ではストレートな怒りのコールが何度も、何度も繰り返された。

だが、こわばった悲壮感は感じられない。むしろ前向きな明るさをたたえている。

「結果」としてではなく「始まり」として、この日を捉えているからだろう。

党派によらず、党派を超えて、一人ひとりが時間と労力を使って、ただ反対の意思を示すために足を運び、連日、国会前に空前の光景が生まれた。

(中略)

不断の努力。

デモに参加している若い世代が、好んで口にする言葉だ。憲法12条の「この憲法が国民に保障する自由及び権利は、国民の不断の努力によつて、これを保持しなければならない」からきている。

自由も民主主義も、日々私たちが行使することによってのみ守られる。

既成事実に身を委ねず、自分の頭で考え、言葉にし、いまここにはない現実を自らの手でつくり出していこうとする主権者一人ひとりの不断の努力が、この国の明日を希望で照らす。(『朝日新聞』２０１５年9月20日朝刊より引用)

２０１５年の安保法制の是非や憲法解釈の変更をめぐって、もう少し遡るなら、２０１１年の東日本大震災と、その後の福島第一原発事故以後、確かに日本の社会運動は新しい様相を見せつつある。

脱原発、反秘密保護法、反安保をめぐって、頻繁にまた反復的にかなりの規模のデモが官邸前や全国各地で繰り広げられるようになった。そこには若い世代や女性も参加し、政治的な認識もかつての運動よりは柔軟になっているようにも見える。

サブカルチャーを超えて、再び流行の兆しを見せつつある日本語ラップを踏襲しつつ、おしゃれでスタイリッシュなビジュアル、ソーシャルメディアや動画配信、配布物を駆使する。

２０００年代にネグリとハートは、アメリカ的なものに象徴される全世界で展開可能な軍事力、経済力に支えられたスーパーパワーを〈帝国〉と表現し、それに対抗する国境を越え新しいテクノロジーで柔軟に姿形を変える人々の連帯と抵抗を〈マルチチュード〉と呼び、主に後者を擁護する論理を展開した。10年のタイムラグを経て、日本でもかなりわかりやすいかたちで、そして現代のテクノロジーや日本的な文脈を身にまといながら顕在化したように見える。

SEALDs名義の『民主主義は止まらない』（2016年、河出書房新社）や、SEALDsを創設した奥田愛基の『変える』（2016年、河出書房新社）など、こうした新しい社会運動の経緯や動機について当事者によるものやジャーナリストらの手によるものも含めてすでに数多くの書籍が刊行されている。

デモはいうまでもなく表現の形態のひとつであり、2010年代に世界各地で台頭したようなグローバルな異議申し立て運動との呼応や共通点という意味でも特筆すべき現象であることは疑いえない。再び注目を集めたデモは政治への回路が多様であったことを、我々の社会に思い出させた側面がある。

野党共闘を実現、若者政治が深化した瞬間

野党各党はこの現象にいち早く注目した。官邸前デモの場に各野党の党首が揃って登場し、若年世代を野党連帯の契機とした。それは後の野党共闘に引き継がれていく。野党が候補者の立候補を調整し対与党で結束することで、一枚岩になろうとしたのだった。

国政選挙でも野党共闘は実現した。2016年7月の参議院選挙では、参議院選挙には選挙区と比例区があるが、選挙区のなかで全国に32ある候補者が1人だけ当選することができる、いわゆる「一人区」の結果は与党視点で21勝11敗、逆にいえば野党共闘視点では11勝21敗だった。

結果の評価は分かれている。片方で2013年参議院選挙の一人区（2013年当時は議席数の調整前で一人区の数は31）の29勝2敗、もしくは2勝29敗と比較して、大きく野党が議席を伸ばしたことを肯定的に捉える論調がある。もう片方は結局のところ、一人区に限定しても野党陣営が大きく負け越しているではないかという身も蓋もない否

定的な意見である。

野党共闘の存続は2016年9月の蓮舫民進党新代表選出の過程で一躍関心が高まった。今のところ本書執筆時点では野党共闘路線と決別の兆しは見られない。

野党のなかでもっとも野党共闘に積極的な政党は共産党といえる。筆者は政党の情報発信についての研究を行っていて、その関係でさまざまな政治関係者を取材したり、意見交換をしたりする機会がある。

共産党関係者に話を聞くたびに彼らは、この野党共闘、そして市民共闘に言及する。単に言及するだけではなく、広報戦略においても大きく意識しながら「抵抗のイメージ政治」を展開している。ブラック企業の撲滅や最低時給の1500円、給付型奨学金の創設など、最近の共産党の主張は確かに若年世代にとってわかりやすい利益として想像しやすいように調整されたものといえる。

実際共産党は若年世代の支持を伸ばしており、その他の野党の議席増が必ずしも自党の利益と直結しない民進党と比較して、野党共闘に明確な利点があるといえる。

リベラル系のメディアは野党共闘をかなり肯定的に評価している。朝日新聞はちょうど安保法制を議論した国会が会期を迎えた直後に次のような社説を掲載した。

野党の努力が政府の姿勢や法案に対する国民の不信を呼び覚まし、世論を喚起する原動力のひとつになったのは間違いない。

ただ、当選者が1人に限られる小選挙区中心の選挙制度では、多様な民意を国会に反映させるのは難しい。安保法案の審議を通じ、そのことに歯がゆい思いをした多くの国民が、各地で集会やデモに集まった。そうした新たな民意の受け皿を用意する責任が野党にはある。

政策が異なる党の結集には、「野合」批判もあろう。消費増税をめぐる分裂で瓦《が》解《かい》した民主党政権の姿は記憶に新しい。

それでも、批判をおそれるあまりにまとまることができなければ政権を利するだけだ。（『朝日新聞』２０１５年10月12日朝刊より引用）

ただし各社の世論調査や国政選挙の結果がこうした論調を反映しているかというと、

そうはなっていないことはよく知られたことである。2012年12月の衆議院総選挙で安倍晋三自民党総裁率いる自民党は再び与党の座に就いた。第2次安倍内閣の始まりであり、3年ぶりのことであった。

その後も続く国政選挙で自公連立政権は勝ち続けている。2012年の参議院総選挙から数えて、2013年の参議院選挙、2014年の衆議院総選挙、2016年参議院選挙と本書発行までに4回の国政選挙があり、そのたびごとに連立政権は勢力を強めている。

2012年衆議院総選挙における自公の獲得議席数はそれぞれ294、31で合計325。2014年のアベノミクスの是非を問うたことに端を発する衆議院総選挙では291、35で合計326と微増している。

参議院選挙についても、2013年の自公の獲得議席数はそれぞれ115、20で、合計135。2016年は121、25で合計146である。2016年の参議院選挙は憲法改正の発議に必要な衆参それぞれで3分の2以上の議席数を改憲勢力が獲得するかどうかが潜在的な争点であった。ここで「潜在的」と言っているのは、各社の世論調査を見ても、憲法問題への関心は高くなかったからだ。

生活に密着したテーマに関心を示す有権者

改憲に反対する護憲派は選挙の結果どころか、争点化にも失敗したといえそうだ。参議院選挙でいえば前述の安保法制の採決があった2015年を挟んでいるにもかかわらず、このような結果になっており、護憲派と安保法制への反対を支持する層は少なからず重複するにもかかわらず、である。

もちろんメディアはこの間、何度も憲法問題を取り上げている。本章で繰り返し取り上げている朝日新聞の記事データベース（『聞蔵Ⅱビジュアル』）で、「憲法」というキーワードで検索すると、朝日新聞が2015年の1年間に4826件記事にしていたことがわかる。東京本社版の、地域面を除いた本紙面に限定しても、2190件もの記事が該当する。単純計算でいえば、1日あたり15件近い記事があったことになる（東京本紙面でいえば1日あたり5件程度）。

朝日新聞には「わたしの誌面批評」という筆者リレー式の定期連載がある。毎月、第

[図表15] 参院選「社会保障を重視」53%

参院選で投票先を決めるとき重視する政策は?(二つまで選択)

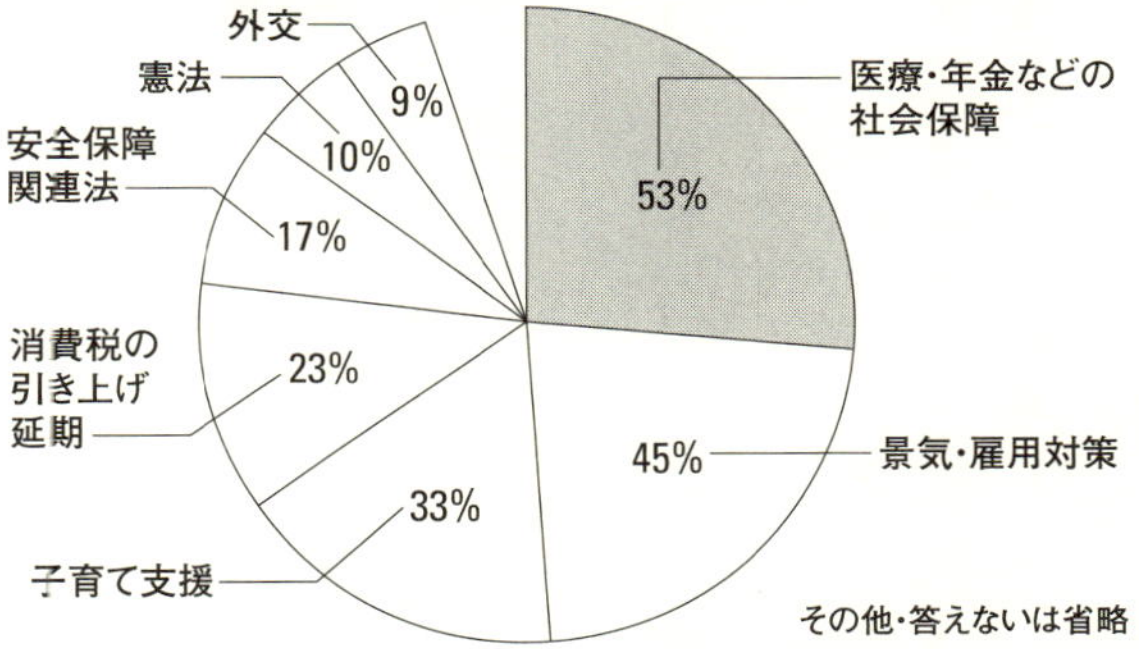

出典:「朝日連続世論調査:朝日新聞デジタル」より作成

三者がテーマを選んで、そのテーマの朝日新聞の論調を批評した記事が掲載されるのである。

筆者は２０１６年度と２０１７年度にこのコーナーを担当しているのだが、２０１６年が憲法成立公布70周年、２０１７年が施行70周年という節目の年であるということもあって、朝日新聞は近年憲法報道にかなり注力していたことを知っている。憲法記念日や文化の日周辺、選挙運動期間前後のみならず、平時から憲法を取り上げた企画を掲載していたのだ。

それでも２０１６年参議院選挙では、憲法が中心的な争点どころか、有権者の関心を引き、活発な議論が交わされるような顕在的な争点にはならなかった。当の朝日新聞社の世論調査でもそのような結果が出ている。たとえば2016年の参議院選挙前にあたる6月4日と5日に実施された朝日新聞社の世論調査は「重視する政策」を問うている［図表15］。

その是非は別途議論する必要があるが、有権者は生活に密着した主題を中心に強い関心を示していた様子が窺える。それだけではない。この傾向は継続しているようにも見える。

2013年のときはどうか。やはり朝日新聞の世論調査を見てみよう。2013年7月9日の朝刊紙面に「世論調査　質問と回答」という記事が掲載されている。下記が質問項目である（数字は％）。

今度の参院選で、もっと議論を深めてほしいと思う政策は何ですか。
（選択肢から2つ選ぶ）

景気・雇用　50

社会保障	39
消費税	29
原発やエネルギー	30
外交・安全保障	16
憲法	13
ＴＰＰ	12

（『朝日新聞』２０１３年7月9日朝刊より引用）

２０１６年の参議院選挙の世論調査とは選択肢にあがっている政策や、質問の仕方が異なっているものの、やはり「景気・雇用」や「社会保障」が重視されていた。この傾向は概ね変化がなく現在まで続いている。

２０１６年の参議院選挙において与党を含む改憲勢力は議席数だけをみれば改憲の発議に必要な衆参それぞれで3分の2という数字を上回った。

安保法制について「絶対に止める」と若者は主張し、民進党は２０１６年の参議院選挙の広報の一環として Twitter に「＃3分の2」というプロモーションハッシュタグを用いたが、結果を見ると、どちらも実現にはいたらなかったのである。

本章の冒頭で、ごく簡潔に学生運動の経緯を概観した。学生運動は盛り上がった一方で、大文字の「政治」――政治体制は大きく揺らぐことはなかった。「歴史は繰り返す」というが、2010年代の現在の状況も奇妙なまでに重なって見える。

マジョリティは自民党を支持する

ところでなぜ現代の自民党はどのように若者たちに見られているのだろうか。消極的選択など諸説があり、今後詳細な検討が必要だが、学生運動に携わったような年長世代からするとなかなか信じられないかもしれないが、最近の若年世代のマジョリティは自民党を支持する傾向にある。

参議院選挙が終わった2016年7月11日の朝日新聞は出口調査の結果を報じている（『朝日新聞』2016年7月11日朝刊「18・19歳の半数、比例区で自公に投票 朝日出口調査」)。

そのなかに国政選挙ではこの選挙から適用されることになった、満20歳以上から満18歳以上への投票年齢の引き下げ、いわゆる「18歳選挙権」とからめて、世代別の投票政党の傾向を紹介している［図表16］。

若年世代は概ね自民党を支持している。むろん先程も言及したが当時も実態としてはいかほどのものだったかは定かではないが、それでもなんとなく長く共有されたような「若年世代は反自民、反与党」とは程遠い状況といえる。

ほかに自民党にとってかわる実力をもった政党が見当たらないことに原因を見出す、いわゆる「消極的な選択」論もある。それとも「判官贔屓」といわれる、弱いもの、政治の文脈でいえば弱い政党を擁護するといった気質が我々から失われてしまったのだろうか。

ここでは世代ごとの政党認識のギャップを中心に別の仮説を提示してみたい。

私事だが、筆者に当時の民主党が党勢を拡大し、2009年に政権交代に至るまでのことをかなり鮮明に記憶している。

93年に55年体制が終わったものの短命政権が続き、90年代後半には再度自民党政権が定着しつつあるなか、実際にはのちに第2次安倍内閣で実現されるネット選挙の解禁や規制改革などを掲げながら、民主党は攻めの姿勢を見せた。

また筆者はもともとＮＰＯや社会起業家を研究していたため、民主党は結党の理念に市民社会との共同を掲げ、確かに積極的な交流を図っていたことを良く覚えている。若年世代や関係の研究者も含まれていた関係で、比較的近い距離で、政権交代の雰囲気や政権交代に至るまでのある種の高揚を感じることができたからだ。

ただし、これは筆者の年齢や職業に依存する経験的な側面、またおそらく20代後半という時期にこのような政治イベントに触れたことによる素朴さが影響していると思われる。

それでも、ここで強調しておきたいのは、現在30代の筆者には自民党以外の政党による政権交代の記憶が存在するということである。

だが、若年世代にとってこの記憶を自明視することはできないものでもある。

仮に民主党への世論の期待が生じたのが主に２０００年代中盤以後だとしてみよう。

[図表16] 18・19歳の半数、比例区で自公に投票

◉比例区の投票先は

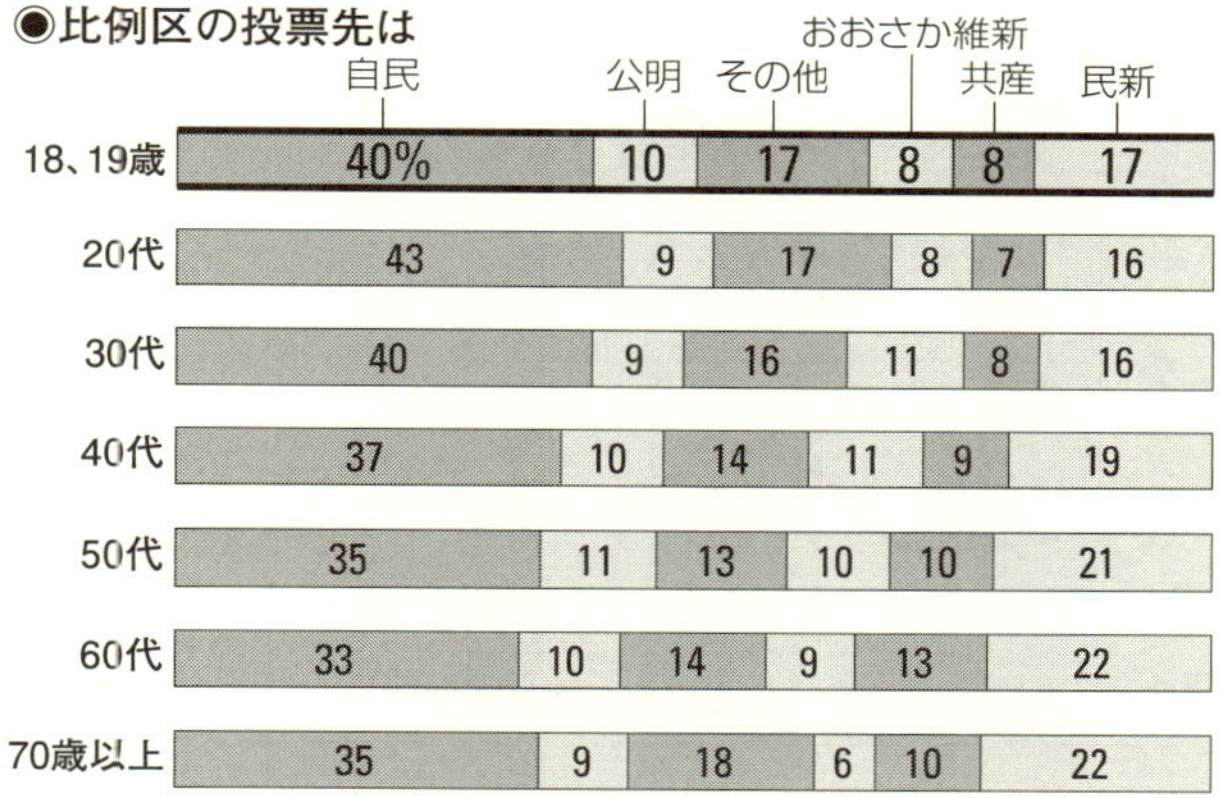

◉投票の際に重視した政策

その他無回答は省略

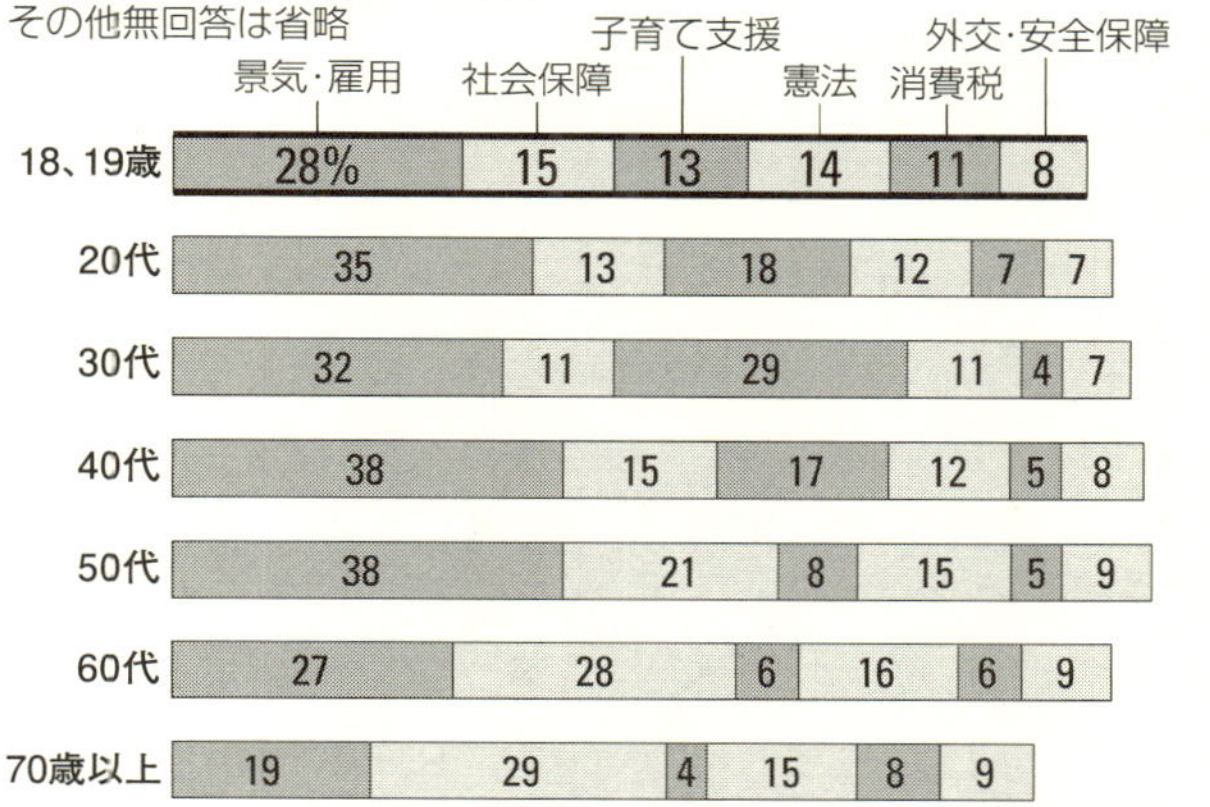

小数点以下四捨五入

出典:「朝日新聞出口調査」(2016)より作成

[図表17] 政治意識月例調査 2009

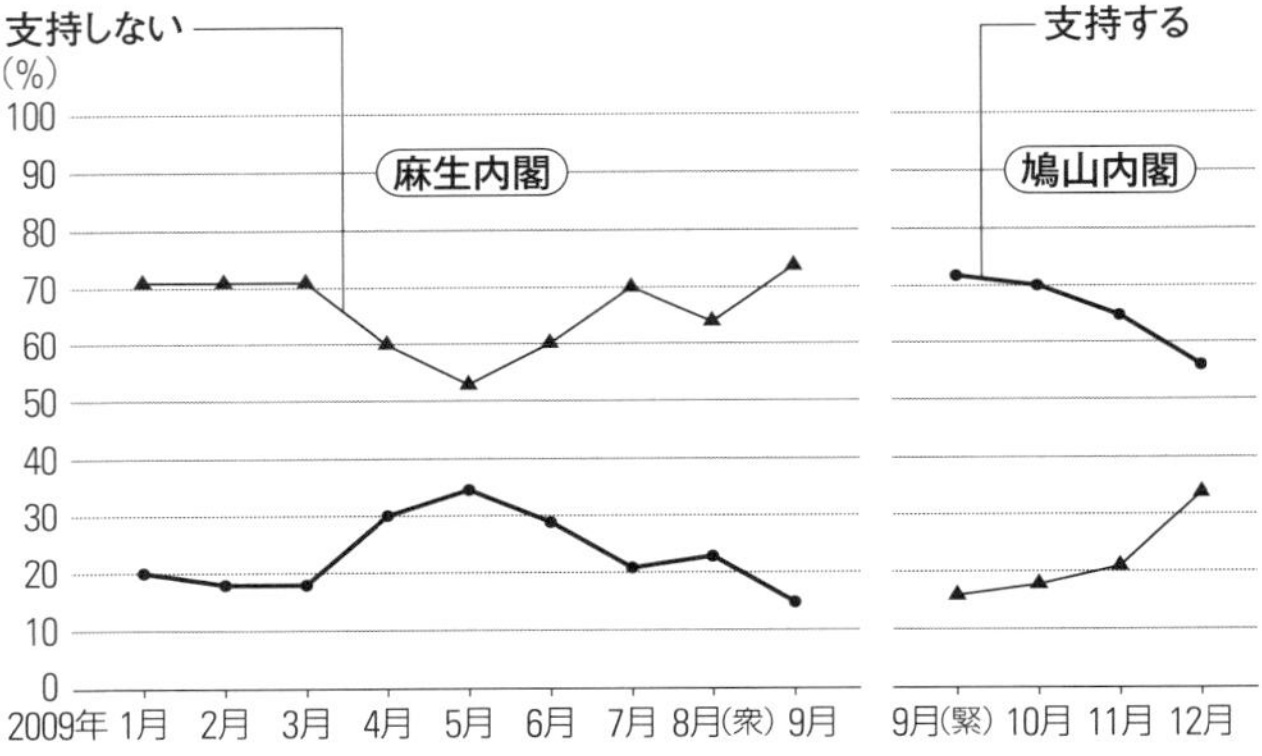

[図表18] 政治意識月例調査 2010

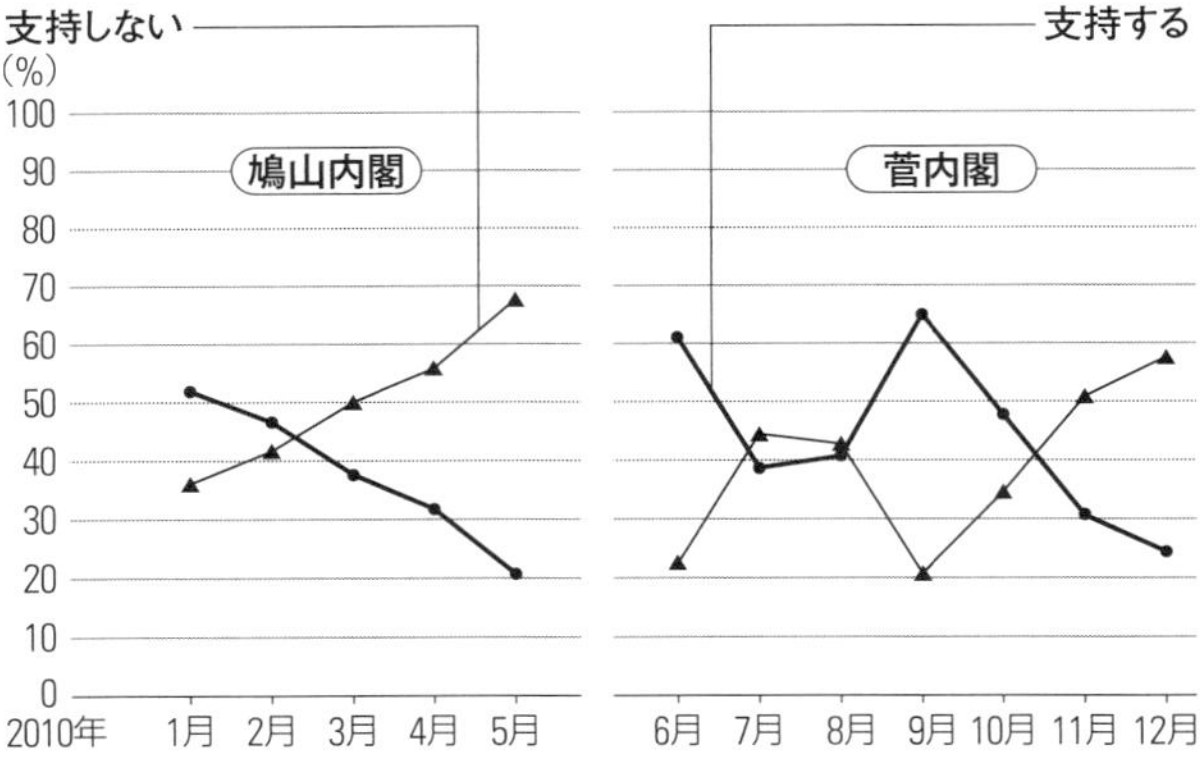

[図表19] 政治意識月例調査 2011

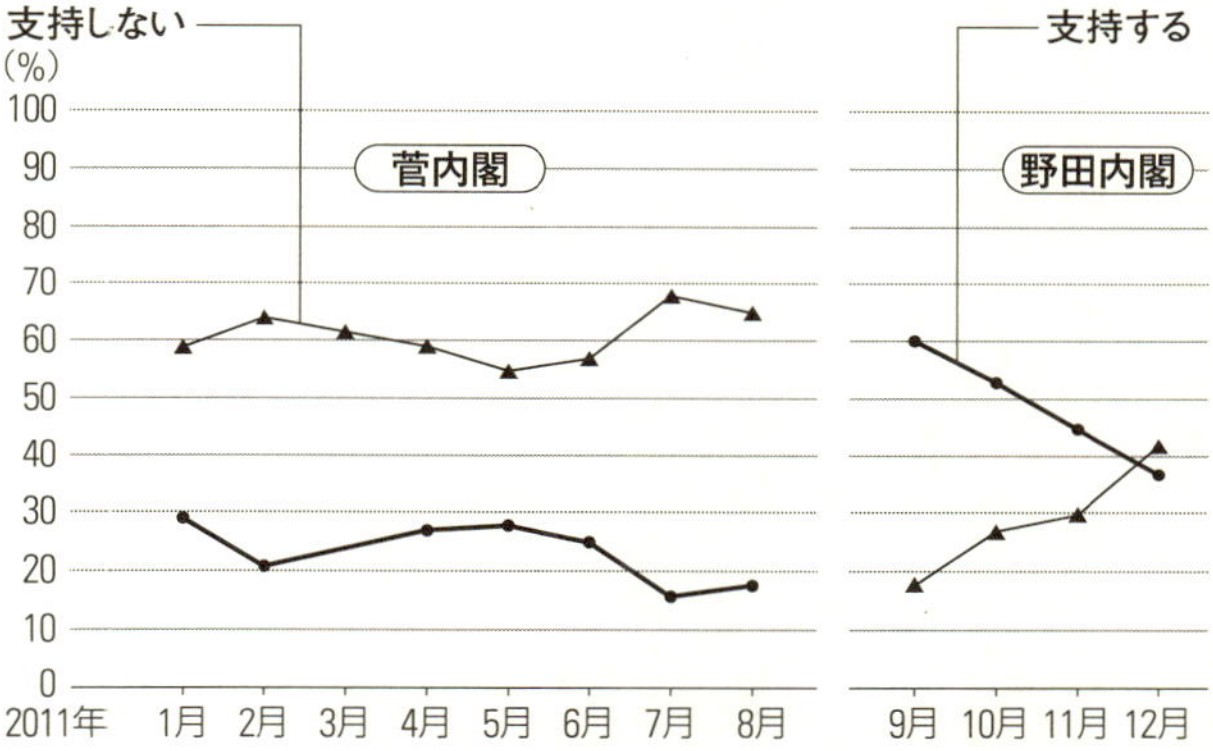

[図表20] 政治意識月例調査 2012

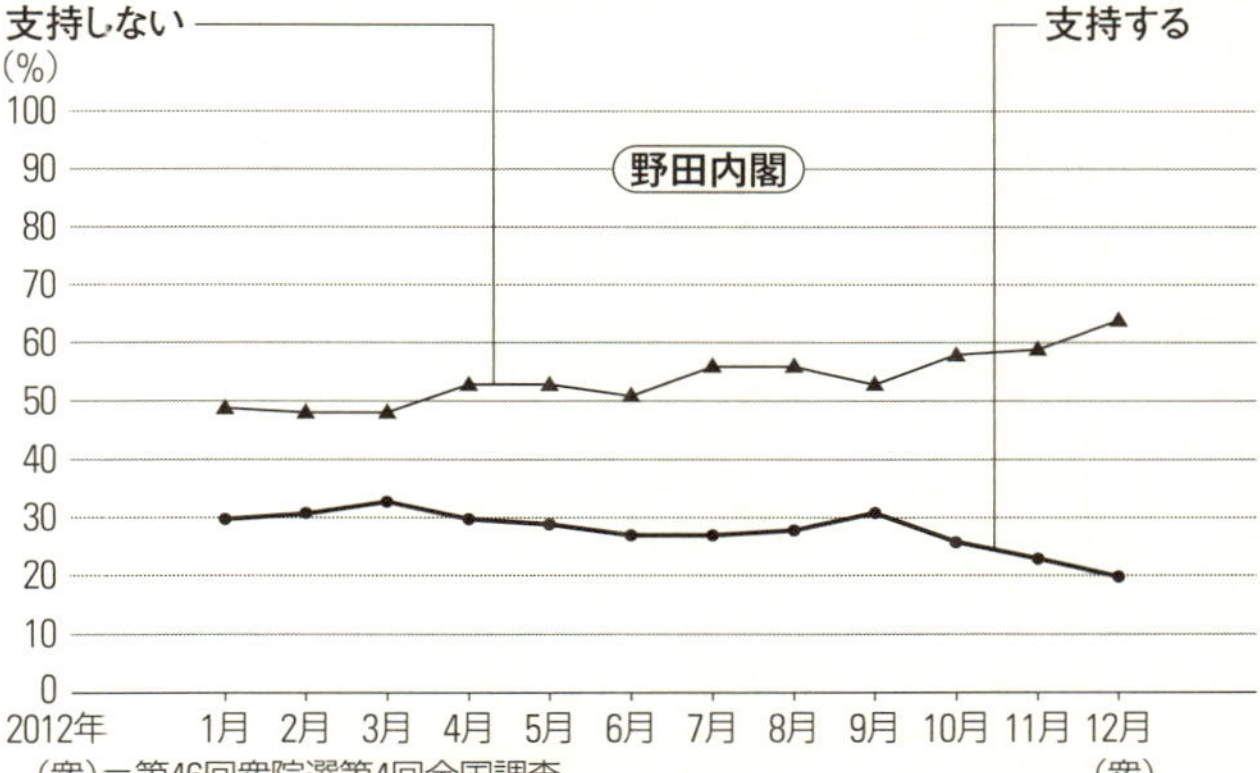

(衆)=第46回衆院選第4回全国調査

出典:NHK放送文化研究所「政治意識月例調査」より作成

途中、2005年の衆議院総選挙、通称「郵政選挙」での敗北はあれども、民主党は2000年代を通じて党勢拡大を続けていた。

その後の顛末や政治運営の混乱からして、2009年の政権交代の時期が期待感のピークであったといえる。NHK放送文化研究所が「政治意識月例調査」という調査を実施し結果を公開している［図表17〜20］。

民主党の内閣支持率は、当時の鳩山総理の就任直後がピークであったことがわかる。途中、総理が交代するとやや改善するも、そのあとは概ね下がり続けている。

2000年代の中盤の時期、現在の10代、20代、30代はまだ政治に強く関心を持つ年齢ではなかったのではないか。

たとえば、2017年の18歳は2005年当時6歳、25歳でも当時は13歳、30歳で18歳だ。2009年でさえそれぞれ10歳、17歳、22歳である。これらの世代にとっては、「民主党」の記憶は必ずしも、たとえば筆者のような自民党と競合する存在になるかもしれないという期待感とはあまり結びつかなかったのではないだろうか。

その一方で、「自民党的なもの」、第2次以後の安倍内閣は2012年以来、継続しているから、政治に対して強い関心や不満がなければ、現在の体制が「見慣れた政治的風景」と化していると考えてもそれほど違和はない。

これは野党、とくに民進党に対して厳しい示唆をもたらす仮説である。というのも、民進党にゼロベースの再出発どころか、マイナスからのリスタートを要求するからだ。これらのアプローチがまったく垣間見られないのが、民進党の難しさなのかもしれない。

それにしても政治現象の、ほんの一部を切り取ってみるだけでも、「反自民、反与党」の「昭和の面影」がまったく根拠の乏しいものになっていることがわかる。

この後、日本政治はどうなるのだろうか。2016年に自民党の総裁の任期が連続3期9年までに全会一致で改正された。それに伴って安倍総理の任期は2018年までだが、もう一度出馬することができるようになった。

2020年の東京五輪を安倍内閣で迎え、自民党は再び55年体制を彷彿とさせるような黄金時代を迎えるのだろうか。それとも自民党関係者も口にするような「緩み」や、予期せぬインシデントによって、政治のバランスが大きく変化するのだろうか。

これから少なくとも野党にとって難しい時期を迎えることはわかる。2020年以後の日本の見通しは未曾有の社会保障費、医療費増、それに伴う増税予定によって、相当に不透明だ。前章でいくつかの指標を確認しながら概観したが、控え目にいっても、明るくはない。むしろ元気がでてくるような具体的なイベントを思い浮かべることが難しいほどだろう。

そのような局面で、日本の政治の特殊性でもあるが、政権運営経験をもたない（ビギナーの！）野党に、政治の舵取りを任せたいと生活者は思うだろうか。野党はそのような文脈のもとで往年の統治技術を蓄積する自民党と比較した優位性、政権交代の蓋然性を提示していかなければならないのだ。

もしそのような政党が現れるのなら、もう一度くらいは期待してみたいところだが、現状の民進党があまり該当しないところにこの国の政治が抱える困難が凝縮されている。

高度経済成長で華やかだった頃の「在りし日の昭和」。

最近、その象徴ともいえる田中角栄などかつての政治家を懐かしむような風潮がある。

だが、中選挙区制は小選挙区制に変わり、党の派閥も弱体化した。それらの前提条件の変化を考慮すると、田中角栄を懐かしんでも仕方ないし、現在の政治環境の下では、田中角栄のような政治家は活躍できないだろう。

いかにして「昭和の面影」を払拭して新しい政治を構想できるかが問われている。

補論

「憲法改正」はいかにして「現実味」を帯びてきたか

本章でも述べたが、2016年7月の参議院選挙の結果を受けて、議席のうえでは改憲派が主流派になった。それにしても「護憲」はながらく戦後民主主義の、左派の旗印のひとつだったが、最近は旗色が悪い。最近の世論調査では改憲の是非を問うと、若年世代では賛否が拮抗することや、時期によっては賛成が上回ることさえある。

なぜだろうか。以下において、憲法改正のカギを握る憲法審査会の経緯に注目しつつ、改憲勢力の粘り強い改憲に向けた実務的なアプローチに対して、「護憲9条」に代表される、戦後民主主義的な理念でしか対応してこなかった護憲勢力が対抗できてこなかった様子を紹介したい。

安倍総理は2016年秋の第192回国会における所信表明演説の最後に、「未来への架け橋」という項目において次のように憲法に言及した。

憲法はどうあるべきか。日本が、これから、どういう国を目指すのか。それを決めるのは政府ではありません。国民です。そして、その案を国民に提示するのは、私たち国会議員の責任であります。与野党の立場を超え、憲法審査会での議論を深めていこうではありませんか。

決して思考停止に陥ってはなりません。互いに知恵を出し合い、共に「未来」への橋を架けようではありませんか。

御清聴ありがとうございました。(「平成28年9月26日 第百九十二回国会における安倍内閣総理大臣所信表明演説」〈http://www.kantei.go.jp/jp/97_abe/statement2/20160926shoshinhyomei.html〉より引用)

安倍総理は7月の参議院選挙投票日の翌日に、憲法問題はすでに賛否を問う段階から、具体的な条文を検討する段階になったという趣旨の発言を残している。

あまり知られていないかもしれないが、憲法審査会という組織が憲法改正の要となっている。

念のため確認しておくと、憲法第96条で定められた憲法改正だが、実務上は、以下のような手順を踏むことになっている［図表21］。

憲法改正原案は憲法審査会で検討され、憲法改正原案の発議が行われたのちに、この憲法審査会での審査をする仕組みになっている。憲法審査会での採決は出席委員の過半数できまり、そののち本会議に提出され、両院それぞれで3分の2以上の賛成があれば可決され、憲法改正の発議に至る。

本書執筆時点では憲法改正原案は提出されておらず、憲法審査会の議論が活発化し始めたステージにある。

以下において、この憲法審査会に至るまでの経緯を確認し、改憲派と護憲派の実務上のせめぎ合いに焦点をあててみたい。

憲法審査会の起源は、かつて憲法調査会法にもとづいて、内閣に憲法調査会が設置された1956年に遡ることができる。

当時の憲法調査会は、現在の国会議員で構成される憲法審査会と異なり、30人の国会

[図表21] 憲法改正の発議までの流れ

■ 憲法改正原案の発議

●衆議院議員100名以上の賛成　●参議院議員50名以上の賛成

↓

■ 両議院にて憲法改正原案　可決

先議の議院

原案の提出を受け、憲法審査会での審査·本会議における可決を経て、後議の議院へ送付します。

↓

後議の議院

憲法審査会での審査を経て本会議にて可決。

1. 憲法審査会での審査

※憲法審査会とは、憲法改正原案等を審査する常設機関

※両議院憲法審査会の合同審査も可能です。

2. 本会議での可決

※衆議院及び参議院本会議にて総議員の**3分の2以上**の賛成で可決。

↓

■ 憲法改正の発議

憲法改正原案について国会における最後の可決をもって、国会は憲法改正の発議をし、国民に提案したものとされる。

※内容において関連する事項ごとに区分して発議されます。

↓

■ 国民投票期日の決定

憲法改正の発議後**60日から180日以内**

※具体的な期日は、国会にて議決されます。

出典:総務省「もっと詳しく『国民投票制度』」の「国会」より作成

議員と20人の学識経験者で構成されていた。「日本国憲法に検討を加え、関係諸問題を調査審議し、その結果を内閣及び内閣を通じて国会に報告する」ことを目的として設置された（「憲法調査会法　第2条」より引用）。調査が中心で、国会議員だけでなく研究者らも参加しており期限付きで設置された、かなり抑制的なものであったといえる。

だが、日米安保条約の成立と岸の退陣を受けて現実的な政治イシューとしての憲法改正は棚上げされる。日本社会のもっぱらの関心は経済に向くのであった。

その後、しばらく時が流れて、1997年の日本国憲法施行50周年をきっかけに、憲法調査委員会設置推進議員連盟が結成される。ただし、国民投票法ができる時代のことであり、憲法調査会の設置に対してさえ根強い抵抗があり、議論は難航する。

1999年に国会法の一部を改正する法律案及び衆議院憲法調査会規程案は、衆議院だけではなく参議院にも憲法調査会を設ける修正を受けたのちに可決され、2000年に衆参両院に憲法調査会が設置された。

ただし憲法調査会には議案提出権はなく、その調査期間を5年程度とするという条件も付けられていた。衆議員憲法調査会は2005年に、683頁という大部の報告書（『衆議院憲法調査会報告書』）を公開し、現在の国民投票法の早急な整備と憲法調査特別委員会の設置を提案し活動を終えた。

そしてこの提案を受けるかたちで、「日本国憲法改正国民投票制度に係る議案の審査等及び日本国憲法の広範かつ総合的な調査を行う」ことを目的に、2005年に「日本国憲法に関する調査特別委員会」（憲法調査特別委員会）が設置される。

さすがに国民投票法をめぐる議論の際には、護憲、改憲それぞれのメディアも論陣を張り、世間の注目を集めた。ところがこの年、衆議院の解散が起きる。いわゆる郵政解散で、注目を集めたのはもっぱら「郵政民営化是か非か」「刺客と反郵政民営化議員の戦いのゆくえ」であった。

結局、国民投票法の成立は2007年にずれこんだが、衆参両院に現在の憲法審査会が設置された。ただし施行までに3年の期間を空け、この期間は憲法改正原案も提出も、審議もできないという制約が設けられていた。

なお国民投票法が成立した2007年というと第1次安倍内閣の時代であった。短命政権だったが、殊に、憲法改正ということに関していえば、国民投票法を成立させ、実務上の法制度を用意したという点において、第1次安倍内閣は大きな「成果」をあげていたことになる。

２０１０年には同法が施行された。ただし、実際に憲法審査会が委員を選任し活動を開始したのは、２０１１年のことになる。

日本の場合、憲法には改憲についての記述があれども、国民投票法が成立するまで、憲法改正に必要な実務上の規定が存在せず、事実上憲法改正は実現できない期間が続いた。

改憲勢力は改憲を実現するために、長い時間をかけてさまざまな試行錯誤を積み上げたのに対して、護憲派の緊張を、とくに実務の部分で弛緩させたかもしれない。

本書執筆の時点における状況はというと、２０１６年9月26日に、衆議院憲法審査会の会長に自民党の森英介元法相が選出され、自民党の憲法改正推進本部長に保岡興治元法相が選ばれたことが報じられている。

なお保岡元法相は２０１４年に衆院憲法審査会の3代目会長をつとめ、森元法相は自民党憲法改正推進本部長だったことから、両名が交代したことになる。両名とも法相経験者であるのみならず、またこの問題に長く関わってきたため、憲法とその改正、実務上の現状によく通じた人物といえる。

憲法改正について、改憲側は、実に粘り強く、ときに信じられないくらいの根気で、長い時間をかけて少しずつ実務上の工夫を積み重ねて、前進させてきたことがわかる。まさに現状は改憲派の「集大成」である。

その一方で、護憲の側は何が制度改正の要かということを一部の専門家をのぞくと、うまく理解し、支持層に対して周知することができていなかったと思われる。強い言い方をするなら、戦後民主主義的なものがより強い支持を得ていた昭和の時代に、実務上の制度の不在に安住してきたのではないか。

その結果、改憲派が1950年代から志向し、長い時間をかけ、多くの妥協を厭わず、会議体の規則を少しずつ前進させてきた、信じられないほどに気長なアプローチに気づかず、ずるずると押し切られてきた／いまも押し切られようとしているように見える。

そもそも国民投票制度を定める法律を通称として広く「国民投票法」と呼ぶが、その正式名称は「日本国憲法の改正手続に関する法律」であり、一般的な法律の略称の慣習にしたがうなら「憲法改正法」と呼んでもいいはずだ。実際、総務省や一部の改憲派は「憲法改正国民投票法」と呼ぶこともある。

なぜ護憲派は「憲法改正」という用語を用いないのだろうか。そのこともまた正面から憲法改正の是非に関する問いを扱うことを避け続け、見たくないものに目をつぶっているのではないか。

もし憲法改正の発議があったとして、それが否定されたとすれば、それは現行の日本国憲法が改めて肯定されたともいえる。まさしく戦後民主主義的なものが正面から肯定されたことになるわけだが、こうした議論を目にする機会はあまりない。

筆者が懸念するのは、あいまいに改憲／護憲が決まり、現在よりさらに生活者と憲法の距離が遠くなることだ。国政選挙の結果次第では直近の主題ではなくなるかもしれないが、いずれは向きあわなければならない「昭和の面影」だ。

第4章

「イノベーター」と「生活者」の共存は可能か

「エリート」イコール「知識人」

いま、「エリートとは誰か？」と問われるとどのような人のことを思い浮かべるだろうか。「エリート」は日本語に直すと「選良」とも訳されるから、何か競争を経てそれを勝ち抜いた人のことだろうか。

古い言い方で政治や統治者のことを「お上」というが、エリートは広く我々の生活を改善してくれる存在だという期待が日本社会には根付いているように感じられる。

本章ではその自明性の喪失に目を向けてみたい。

かつて、というのは、いまの若い世代の人たちは聞いたこともないかもしれないが、「前衛／大衆」という言葉があった。人々に訴えかけリードするだけの熱量はないが、知識や戦略をもった少数の前衛が、人々＝大衆を導いていくというのが古典的なマルクス主義の構図である。

前衛の周囲には「知識人」が同伴するというのが、この構図であり、ある種の「エリート」にあたる。日本には革命は訪れなかったが、彼らは「戦後民主主義」の思想を長く支え続けたし、戦後日本の、昭和の時代の言論の基調となった。

「昭和の言論」を支えたのは、戦前から長く日本には各分野の専門をこえて、『中央公論』や『世界』といった雑誌で社会的な諸問題について意見を戦わせるという「論壇」であった。そこで戦わされる議論が政治、社会、経済で尊重された時代さえあった。

論壇的なもののピークはいつだろうか。近い過去でいうなら大平正芳総理の時代（1978—1980年）ではないか。政治において特定の知識人集団をブレーンに登用する。小泉内閣当時の経済学者竹中平蔵を思い出してみるとよいだろう。民間人大臣からその後政治家となり、当時の小泉内閣を支えた。

この時期論壇の論調の主流は革新であったため、保守の論客は匿名で論考を発表したりした。そのひとつが「グループ1984年」であり、1975年～1976年にかけて当時から見た10年後の未来を、現実的に予測した論考群があり話題を呼んだ。

これらはのちに『日本の自殺』としてまとめられた（1976年、PHP研究所）。現在では政治学者香山健一らのグループであったとされている。

無類の読書好きとして知られた大平総理は「文化の時代」「田園都市構想」「総合安全保障」「対外経済政策」「家庭基盤充実」「環太平洋連帯」「文化の時代の経済運営」「科学技術の史的展開」「多元化社会の生活関心」の9つの政策研究会を設け、山本七平、梅棹忠夫、猪木正道ら当時の論壇のスターたちが議長となった。

首相肝いりの、これらの研究会には大平も出席し、ときに白熱する議論に耳を傾けたようだ（宇野重規「鈍牛・哲人宰相と知識人たち——大平総理の政策研究会をめぐって」公益財団法人サントリー文化財団・アステイオン編集委員会『アステイオン』81号、2014年、CCCメディアハウス）。

大平の急死によってその後、これらの研究会の現実政治への影響は直接的なものではなくなったようだが、のちの中曽根内閣のもとでもこの研究会でネットワーク化された知識人たちがブレーンとして活動したとされている。

保守論壇と保守知識人グループがもっとも社会的な影響力をもって輝いた最後の時代でもある。

翻って現代における「知識人」の役割はどうか。幾つかの著名論壇誌が90年代末から2000年代にかけて休刊したが、『中央公論』や『世界』はいまも現存している。しかしながら本書の読者を含めて、論壇誌を手に取り、実際に読んだことがあるという人は今ではそう多くはないはずだ。大型書店などであれば、一角にA5版という小ぶりだが分厚い雑誌が並べられてはいるものの、概ねひっそりとした場所であることが多い。

政府の審議会は現在でも多数開かれているが、そこに入る有識者は、文字通りその分野の専門家たちが大半で、かつての総合知識人とは様子が異なっている。AIやビッグデータなど時代時代に存在するホットイシューに関係する一部の人たちを除くと、必ずしも「社会をリードする」総合的な存在というわけでもないだろう。

知識人（幻想）は読者共同体との暗黙の信頼関係によって成立していた。読者が「知識人」を社会のリーダーだと信任するので、その言葉に耳を傾け、それを受けて知識人たちはいっそうその地位を確固としたものにしていくのである。

このようなマッチポンプの関係はいまではすっかり消え失せてしまった。2016年に昭和の時代のアイコンから一躍2010年代を象徴する存在にリバイバルしたのがゴジラであり、映画『シン・ゴジラ』だ。

『シン・ゴジラ』についてはすでにさまざまな論評が行われているので、詳細はそれらに譲るが、東日本大震災や福島第一原発事故とそれらへの政府、そして日本社会の対応を随所でモチーフとしている。そこで描かれる「知識人」像といったら！

総理大臣役を務めた大杉漣は、ゴジラ登場の危機を眼前にしながら、滔々と煮え切らない話をする彼らの話を聞いたあとに、もっと役に立つ人たちを連れてくるよう命じるのだ。

エンターテインメント作品のなかの一幕に過ぎないが、昨今の「知識人」の置かれた立場を象徴している。「知識人」が社会をリードするための信頼関係が失われてしまったようだ。それは本書で後述するこの国における大学に対する眼差しや、文系不要論とも無関係ではないだろう。

総理が期待するイノベーターとは

それでは現代において、誰が社会を「リード」し、人々の「信頼」を得ているのだろうか。ここでは「イノベーター」と「生活者」に注目してみたい。

現代社会はイノベーションが待望される時代である。日本経済が停滞しているのはイノベーションが不足しているからであるという時代診断が繰り返され、イノベーションを起こす人材が待望されている。彼らがまさしく「イノベーター」である。

政治もイノベーションとイノベーターを待望している。

2016年年始の、その年の政治の運営方針を発表する施政方針演説でも安倍総理はイノベーションに繰り返し言及している。

イノベーションによって新しい付加価値を生み出し、持続的な成長を確保する。「より安く」ではなく、「より良い」に挑戦する、**イノベーション**型の経済成長へと転換しなければなりません。

模倣、過酷な労働、環境への負荷。安かろう悪かろうは、世界のマーケットから一掃すべきであります。二十一世紀にふさわしい経済ルールを世界へと広げる、大いなる「挑戦」。TPPは、その最初の一歩であります。

イノベーションを次々と生み出す社会へと変革する。その鍵は多様性であります。三人寄れば文殊の知恵。多様性の中から、新たなアイデアが生まれ、**イノベーション**が起こる。「一億総活躍」は、そうした新しい経済社会システムを創る「挑戦」であります。

（中略）

国内外の研究機関、大学、企業のオープンな連携から、ダイナミックな**イノベーション**が生まれる。あらゆる壁を取り払ってまいります。新しい科学技術基本計画の最大のテーマは、**オープン・イノベーション**。研究開発法人には、世界中から超一流の研究者を集めます。大学では、国内外の優秀な人材を集めて経営を革新し、積極的な産学連携など、攻めの経営を促します。

日本を「世界で最もイノベーションに適した国」としていく。その決意であります。（「第百九十回国会における安倍内閣総理大臣施政方針演説」〈http://www.kantei.go.jp/jp/97_abe/statement2/20160122siseihousin.html〉から引用。強調、傍点は引用者による）

引用箇所以外での言及もあわせて「イノベーション」という言葉は、この演説のなかで合計11回使われ、日本は「世界で最もイノベーションに適した国」になることを目指すらしい。

それにしても「イノベーター」とは具体的に誰のことを指すのであろうか。もっとも該当するのが起業家ということになるだろうか。

日本では起業家や起業は、「イノベーター」というそのどこかアメリカ西海岸的な魅力的な語感とはうらはらに主に中小企業庁が所管し、中小企業基本法をはじめ中小企業に関する支援施策が数多く用意されている。

中小企業基本法は1963年に成立したが、当初日本の産業界の「二重構造」の是正を目的としていた。

ここでいう「二重構造」とは、戦後復興の過程で鉄や石炭など特定産業や業界に対して資源の集中割当等を行い経済、産業の復興を遂げたことで、日本の企業構造が一部の先駆的な大企業と、その他大多数の前近代的な中小企業に分かれているという認識のことである。

その後、1999年の抜本改正で二重構造の是正には一定のめどがたったと見なされたこともあって、選択と集中を通してまさにイノベーションの担い手としての中小企業の育成が実態はともかくとして政策目標とされるようになった。

それから随分時間が経過し、ビジネス誌などを見ていると、次から次へと新しい起業家が「世界を変える」というフレーズとともに登場するが、日本における起業はなかなか難しい局面にある。

イノベーターたちの出現で日本は躍進できるのか

現状はどうか。経済産業省が野村総合研究所に委託して実施された『平成27年度 起業・ベンチャー支援に関する調査 起業家精神に関する調査』によると、日本の起業に関するさまざまな指標を総合して作られた「総合起業活動指数」は、世界最低水準であることがわかる［図表22・23］。

この調査は、「Global Entrepreneurship Monitor」という世界中で行われている起業に関する調査の一環として実施されているが、日本は概ね低位に位置し続けてきた。乱暴にまとめてしまうならば、日本の実状は「起業しにくく、起業が活発ではない国」ということになる。

そのような社会において、起業に取り組み、事業を拡大し、雇用を生み出すことに成功した起業家たちは、まさに「選良」なのかもしれない。

90年代後半から、起業家たちは新しいオピニオンリーダーとして頭角を現してくることとなった。

ライブドアの創業社長だった堀江貴文が代表的存在である。ITで頭角を現した堀江は、メディアに積極的に露出し、ときに選挙に立候補したりさえしつつ、過激な言論活動を展開した。既得権益を批判し、野球の球団を買収しようとし、それまで「嗜み」とされていたような「行儀の良さ」をかなぐり捨てた発言は、メディアのトリックスターとして、また若年世代が感じていた閉塞感のガス抜きとしても喝采された。

［図表22］各国の総合起業指数

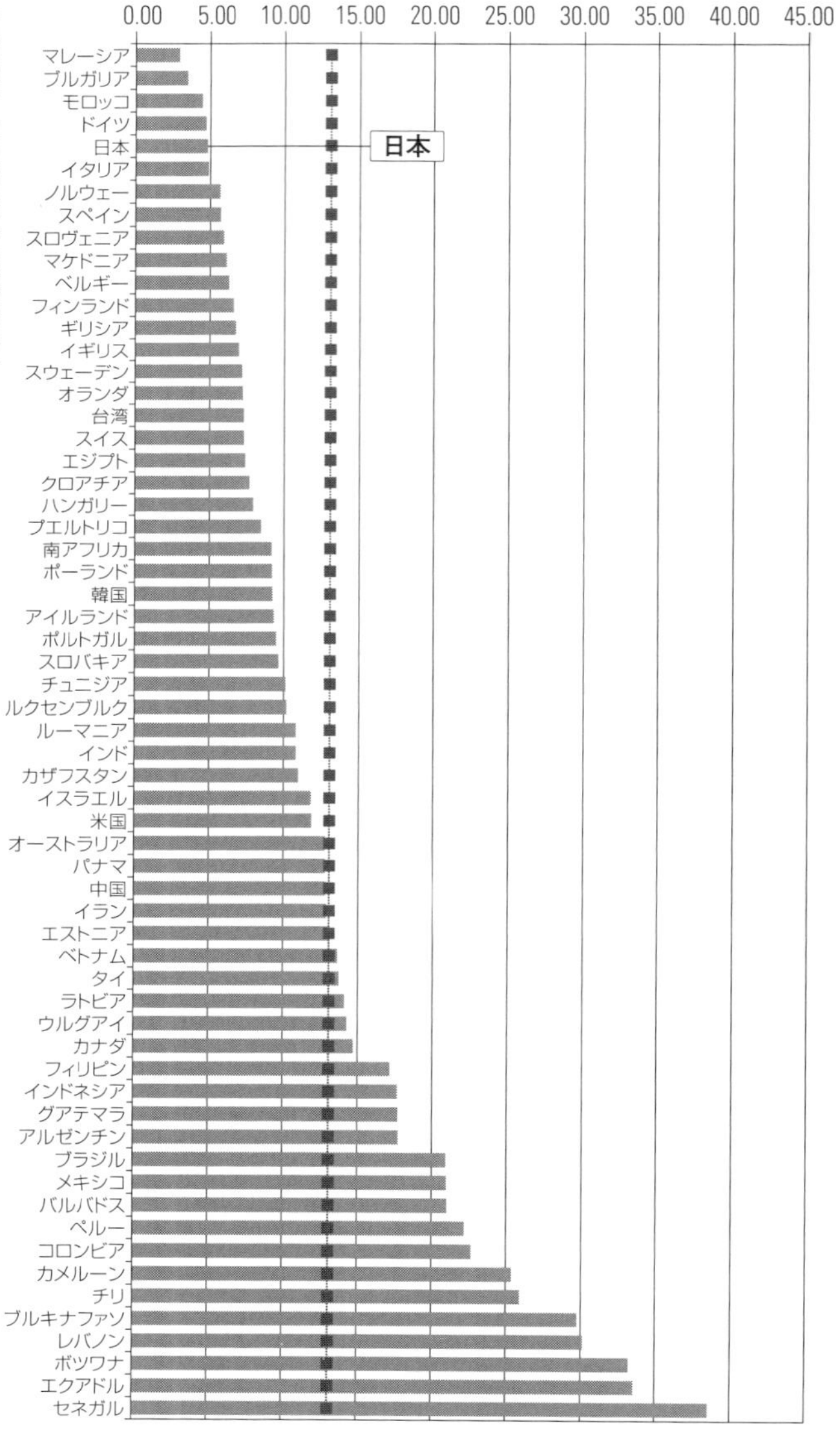

〔図表23〕経済圏別各国の総合起業指数

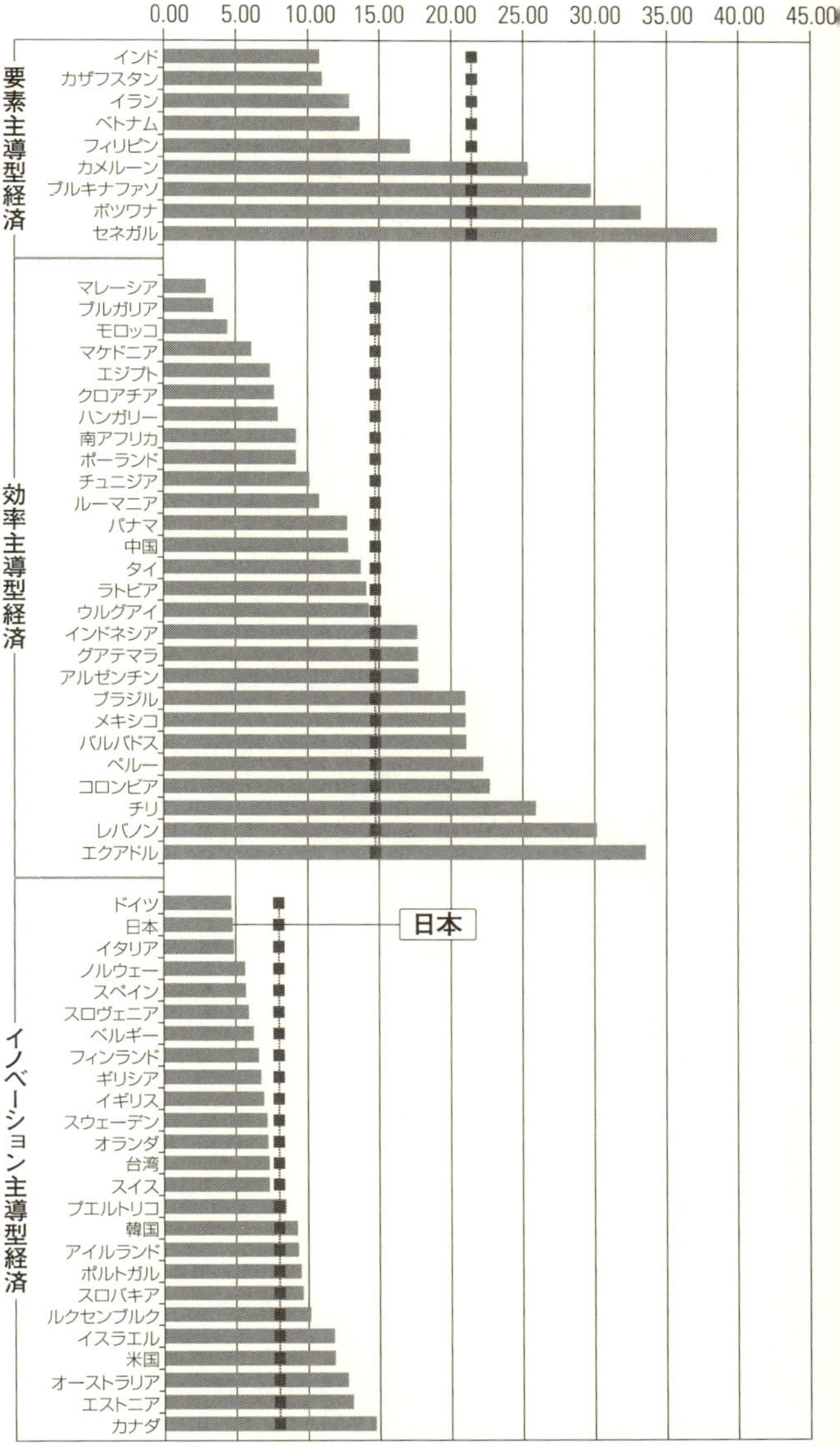

出典：経済産業省、野村総合研究所『平成27年度 起業・ベンチャー支援に関する調査 起業家精神に関する調査』より作成

2006年のいわゆる「ライブドア事件」で獄中生活を送るが、その後、新たに普及したソーシャルメディアや、自身のメディア運営を通して、堀江はいっそう過激な言論活動を展開している。

テレビにもよく出演し、数多くの著書も残しながら、「宇宙開発」や「予防医療」など新たな分野を開拓しながら現在に至っているし、まさに現代的な意味での「イノベーター」の象徴的存在だろう。

堀江だけではない。新しい起業家たちの業界団体も生まれている。たとえば2010年に、ITやメディア企業の業界団体「eビジネス推進連合会」が発足している。現在の新経済連盟である。

代表理事に楽天の三木谷浩史会長兼社長、副代表理事に藤田晋サイバーエージェント社長をはじめIT業界のそうそうたるメンバーが理事、幹事に顔を揃えている。

新経済連盟はオンラインでの市販薬の販売に関する旧薬事法の改正、ネット選挙の推進などさまざまな分野での政策提言を実施するために提唱し、19のプロジェクトチームを設けている。

新経連会長で、楽天会長兼社長の三木谷は安倍総理との距離が伝統的な日本経済団体連合会より近いともいわれ、また政府の産業競争力会議の議員も務めている。

その他にも、ＭＢＡを運営するグロービスが開催するＧ１、起業家の登竜門にもなっている Infinity Ventures Summit など、多くの若手起業家らが集うイベントが開催されているし、２０００年代に入ってからは、社会問題を事業手法で解決する社会起業家も注目されるようになってきた。

たとえば朝日新聞の紙面ではじめて「社会起業家」という言葉が出て来るのは２０００年のこと。そのときは新刊書籍の紹介だったが、徐々に日本版社会起業家の発掘やその活躍が取り上げられるようになっている。

日本を代表する社会起業家で、病児保育を手がける認定ＮＰＯ法人フローレンスの創業者駒崎弘樹は、２００６年に「アントレプレナー・オブ・ザ・イヤー」セミファイナリストノミネートとなり、２００７年に米『Newsweek』誌の「世界を変える社会起業家１００人」にノミネートされている。

また２００９年からの民主党政権時代には、民主党が掲げた「新しい公共」に深くかかわり、これまでに内閣府「新しい公共」専門調査会推進委員、内閣官房「社会保障改革に関する集中検討会議」委員などを歴任し、現在も厚生労働省「イクメンプロジェクト」推進委員会座長、内閣府「子ども・子育て会議」委員を務めた。

最近ではこのような新しい社会企業の業界団体として、２０１６年に新公益連盟が設立され、同年９月に開催された「日本財団ソーシャルイノベーションフォーラム」で、新経済連盟と新公益連盟は共同のセッションを設けてもいる。

これらの事象を総合してみると、新しい「イノベーター」たちが、かつての「知識人」と同等かそれ以上に近年日本社会のオピニオンリーダーとして政治、経済、社会の随所で存在感を発揮するようになっていることがわかるはずだ。

魅力が薄れていく日本

それにしても、一般的な日常を過ごす「生活者」と「イノベーター」の利害関係はなかなか一致しないのが現代社会である。いま、日本で本気でイノベーターになりたいと思えば、もはや国内に留まっている合理的理由は乏しくなっている。

事実、前述のイノベーターたちのコミュニティでは「海外へ」「シリコンバレーへ」ということが繰り返し強調される。

教育過程に目をむけても、文科省の「スーパーグローバル大学」政策などを皮切りに東大や東工大といった伝統的な国内の名門校にとどまらず、とにかく海外の大学や大学院に留学することを促している。

確かにそれぞれの個人に注目するならば、早い段階からどんどん海外にいったほうが合理的だ。「イノベーター」育成の教育プログラムに投資し、スタンフォード大学やハーバード大学に進学し、まだ将来の世界的なビジネスパーソンやオピニオンリーダー、研究者らがなにものでもないうちにネットワークを形成し、英語のコミュニケーションにも早い時期に慣れ、グローバルなイノベーター予備軍のネットワーク、いわば、「イノベーターギルド」に参加するのだ。

しかし仮に早期に「イノベーターギルド」に加わり、世界的に活躍するようになった彼らは、またいつか日本や日本社会、その他大勢のマジョリティであるところの日本の「生活者」を思い出すだろうか。そして日本に貢献しようと思うのだろうか。

日本のように高齢化して重い社会保障費、増税が待ち受けることが半ば自明になった国にこだわるよりも、たとえばアメリカで永住権を取得するほうが「イノベーター」たちにとっては幸せではないか。彼らがそうしない、合理的な理由を見つけることができるのだろうか。

その反面、大半の国内の「生活者」は「イノベーター」になることはますます難しくなるだろう。本書でも家計所得の減少や教育の置かれた環境などに言及してきた。そもそも土地から動くこともできず、高額な「イノベーター」育成のための教育投資を行うこともできなくなるだろう。それが斜陽の国家の悲しみでもある。

戦後の日本でも、たとえばフルブライト・プログラムのように、海外渡航が流行った時代があった。フルブライト・プログラムは、１９４６年にアメリカのフルブライト上院議員によって設立されている。

フルブライト奨学生として、ノーベル賞受賞者の小柴昌俊や根岸英一らをはじめ、政治学者の藤原帰一や心理学者の河合隼雄など多くの人物が渡米している。

それでも彼らの多くは留学後、帰日し、国内で活躍した。ある種の公共心と日本の経済的豊かさが彼らを日本につなぎとめていたからだ。それらが失われた時代の「イノベーター」たちは果たして、日本での活躍を望むだろうか。

対立関係にある「イノベーター」と「生活者」

今後、ますます日本における「イノベーター」と「生活者」の関係は利益相反になっていく。彼らにとっては国の財政破綻は懸念事項であり、同時に母国の格を下げることにもなるだけに、ともすれば緊縮財政を主張する。財源があれば、現在の直近の社会に偏在する困難の改善よりも、「未来への投資」を望むことだろう。

また堀江貴文や新経連を例に挙げるまでもなく、「イノベーター」たちは規制緩和がその主張の中心にある。まるである種の信仰のように。

その一方で、大半の「生活者」にとっては、「未来への投資」よりも、「今日の生活」の防衛が重要事項となってくるはずだ。「イノベーター」という言葉は定義上、既存秩序の破壊を含意するが、「生活者」にとってはそれよりも生活保障とそこから出発する生活改善を中心とした「生活保守」が重要なはずだ。

現代のイノベーターと生活者は利益相反の関係にあるように見える。

世界経済が連続的になり、経済が流動的になり、大きく変動するようになると同時に、社会の予測可能性は減少し、「昭和の面影」が消え去ろうとしている。

家計収入はダウントレンドに入り、その一方で国の税収はバブル頂点の時期と同程度にまで膨れ上がっている。そこから生み出される、しかし大半の「生活者」はその状況を具体的に捉えることができていないがゆえに、漠然とした不安を背景にして、多くの生活者は、生活防衛的な立場をとりたいと強く思うようになってきているが、至極当然の反応にも思える。

「生活者」にとっての合理性からすれば、公共投資の増額、規制の強化を志向し、また財源があるならばあらゆる世代における社会保障の改善を望むはずだ。

驚くほどに「イノベーター」と「生活者」両者の潜在的な利害が合致しない局面を迎えつつあることに気付く。

我々の社会は新しい「イノベーター」の台頭を、新しいエリートとして、スターとして、無邪気に歓迎してきた。

しかしながらその背後で、本章で概観してきたような、これまで、たとえば昭和の社会でエリートとノン・エリートをつなぎとめていた地平を喪失しつつある。

作家司馬遼太郎が『坂の上の雲』で描いたような善かれ悪かれ「公共心」を持ったエリートはいなくなり、合理性と競争を愛する、しかし生活者の利益とは必ずしも合致しない新しい「イノベーター」が台頭する社会はどこへ向かうのか。「合理的な解」はどこにあるのだろうか。

第5章

少年犯罪と隠れた格差

少年犯罪「凶悪化」の誤解

メディアを見ていると、日々、理解不可能な、凶悪犯罪が起きている。なかでも若い世代が犯人となっている事件は動機もよくわからないし、気味が悪い。少年犯罪は重罰化すべきだ――。

このように感じている人たちは、世代にかかわらず少なくないのではないか。あながち無理もないことかもしれない。「ニュース」は文字通り新規で、物珍しい出来事が発生することを待ち望んでいる。それが誰かの不幸かどうかは二の次で、視聴者の好奇心を刺激し、視聴率でスポンサーの歓心を買うか否かがニュースとメディアの行動を少なからず規定している。

日本において少年犯罪は端的にいって減少している。また少年犯罪の背景には社会的な要因と、制度と時代のギャップがある。

かつてヘーゲルは「特殊のなかに普遍を見る」ことの意味を考えたが、少年犯罪という一見極端な事案に、認識、社会、制度のずれが縮図のように反映されているような気がする。

『無業社会』の共著者工藤啓、またこの問題への多様な主体を巻き込んだ新しいアプローチを模索する井村良英の両氏、茨城農芸学院らの案内もあって、最近、この問題と社会復帰に関心を持ち、幾つかの関連施設に視察に行き、関係者らと意見交換する機会を得た。

少年犯罪について、話を聞けば聞くほど痛感するのは、なぜ彼らは罪を犯し、「わたしたち」は一般的な生活を送ることができているのかという線引きがよくわからなくなってくることだ。

本章で後述するデータなども参照して欲しいが、少年犯罪が、家庭や経済状況といった個人を取り巻く環境要因の幾つかの巡り合わせ（の悪さ）がトリガー（引き金）を引いているようだ。

少年犯罪をそのような確率的な事象だと捉えるなら、ともすれば被害者を中心にした懲罰的な視点に立ってしまいがちだが、彼ら彼女らを再度どのように社会内に包摂していくのかという視点も必要になってくることに気づくはずだ。

というのも、社会から彼らを排除してしまうと、再び「あちら側」に戻っていってしまいかねないからだ。後述するように、少年犯罪は減少しているが、再非行少年率は減少していないどころか増加傾向にある。

「加害者／被害者」という当事者から離れてみても、多くの事案において、彼らを「あちら側」に永遠に隔離することは人権の観点からしても、必要な社会コストの観点からしても不可能である。このとき社会内存在としての定着、再包摂の制度を精緻化するほうが多くの場合において望ましいものであることに気づくことができるはずだ。

明らかに不適切な話ではあるのだが（しかし近年、「オレオレ詐欺」等特殊詐欺の事案は増加し、手口はますます巧妙になっていると聞く）、振り込め詐欺集団に加担して月収数百万円の生活を送っていた加害者少年は、少年院での多くの場合11カ月程度の課程を終えたあとに、どのようなキャリアを選択することができるのだろうか。

どのような職に就き、どのような収入を得て、社会的生活を送ることができれば、再犯にいたることなく社会内で「適切な」生活を営むことができるのだろうか。

社会復帰後に、居場所や職場に困ることも少なくなく、そこに再び犯罪集団が接触することで再犯につながってしまうことがあるという。そこには制度設計の失敗があるように思えてならない。

法務教官をはじめ現場が直面しているのは、このような課題なのだ。

おそらくは、たとえば個人のライフコースとキャリア全般を見渡しながら、矯正過程と社会的包摂のあり方を見直す時期に来ているようにも感じられる。

認知行動療法や規律訓練をも踏まえて設計された彼らの生活は規則的で、個人スペースは極めて限定されている。

配置等の詳細については記してはならないとされているのだが、ある少年院の視察に際して個人に割り当てられた椅子に座らせてもらった。

窓から見える視界は少年院内部に向かって閉じていた。いうまでもなくそれはとても狭いもので、短時間滞在するだけでも、相当に圧迫感のあるものであった。

確かに一定期間は、このような矯正の期間が必要だろう。だが、それはあくまで時限的なものであって、その後、彼らは再び社会と向き合うことになるのだ。

多くの人が知りたくない、見たくない出来事だとしても、現場や支援者、政策担当者など、社会のなかの誰かが向き合って、直視し、よりよいものにしようとしている事実はもっと世の中に知られてもよいのではないか。

基本的なデータを幾分整理するだけでも、少なくない少年犯罪についての誤解が解きほぐされるはずだ。

年長世代の犯罪率の増加、少年犯罪は減少

警察庁生活安全局少年課の『少年非行情勢』（平成27年1月～12月）によると、この10年で、刑法犯少年は顕著に減少している。

平成27年（2015年）約39、000件、刑法犯総検挙人員に占める少年の割合約16％。平成18年（2006年）約113、000件、刑法犯総検挙人員に占める少年の割合約29％。

この10年でさえ、少年犯罪が占める割合は3分の1近くまで低下している（厳密には発生件数と認知件数などの違いもあるが、あくまでここでは検挙人員を基準とした）。

[図表24] 一般刑法犯 検挙人員の年齢層別構成比の推移

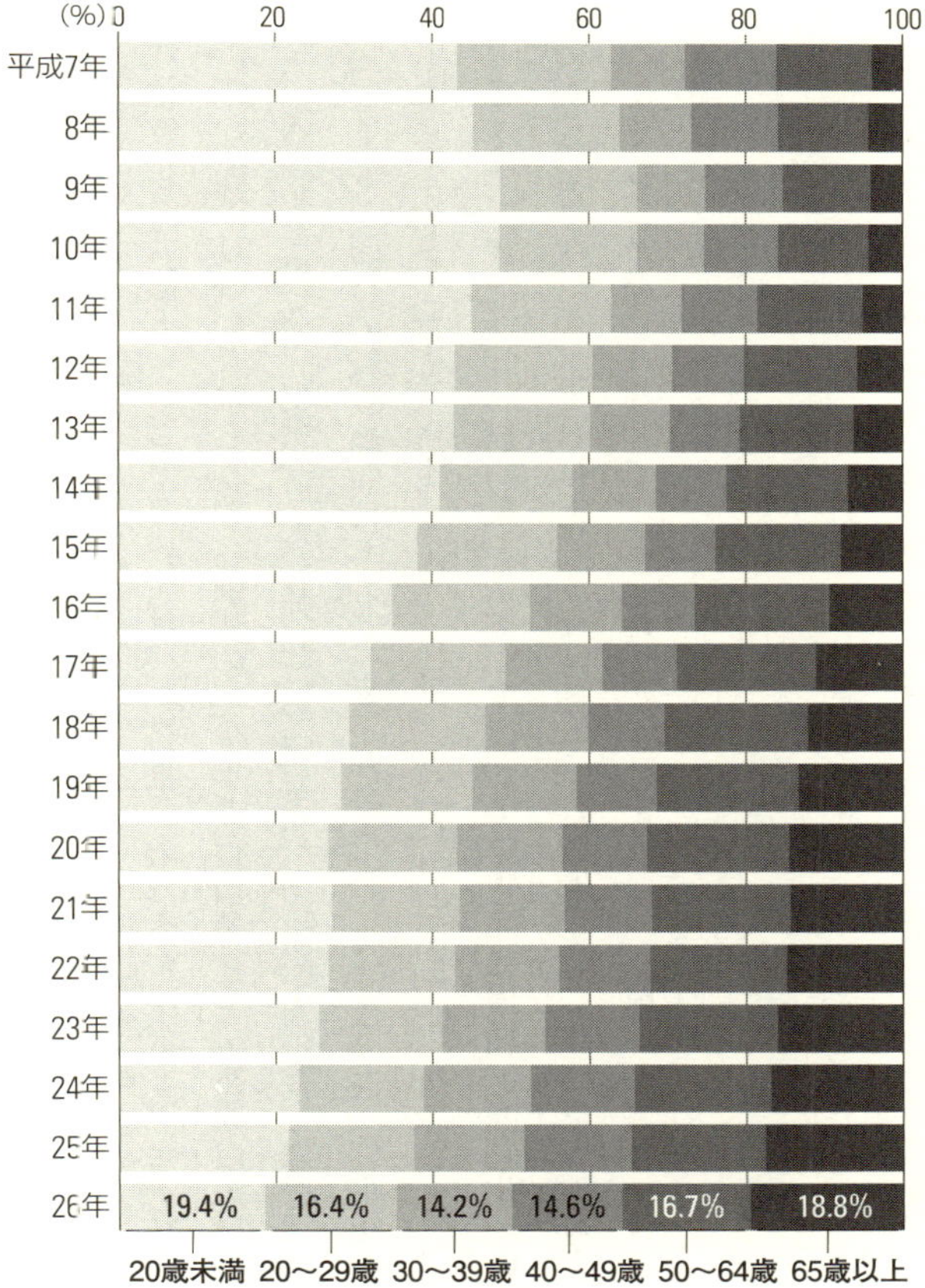

注　**1.**警察庁の統計及び警察庁交通局の資料による。
　　2.犯行時の年齢による。

出典:法務省『平成27年版 犯罪白書』より作成

一般刑法犯検挙人員の年齢層別構成比の推移を見てみると、少年に限らず若年世代が減少し、年長世代の検挙比が増加していることがわかる［図表24］。量的な治安攪乱要因ということでいえば、年長世代のほうが深刻といえそうである。では深刻な犯罪についてはどうか。前述の『少年非行情勢』や『犯罪白書』などを参照すると、凶悪犯（殺人、強盗、放火、強姦）や粗暴犯（凶器準備集合、暴行、傷害、脅迫、恐喝）でも、同様の減少傾向にある。『少年非行情勢』によると、少年犯罪における凶悪犯は、２０１５年５８６件、２００６年１１７０件と10年間でほぼ半減している。

メディアイメージが作る一般的な「常識」では、少年犯罪は増加、凶悪化ということになるのかもしれないが、それはあくまで「誤解」なのだ、ということが少年犯罪関係者のあいだでは「常識」になっている（ただしこのような「誤解」が残り続ける背景には、当該問題の政策広報がうまくいっていないことを裏付けてはいる）。

非行少年の更生までのプロセス

ところで少年院に入所している「少年」とはどのような存在なのだろうか。

少年法は第一条で次のように少年法の目的を定め、さらに第二条で「少年」を定義している。

（この法律の目的）
第一条　この法律は、少年の健全な育成を期し、非行のある少年に対して性格の矯正及び環境の調整に関する保護処分を行うとともに、少年の刑事事件について特別の措置を講ずることを目的とする。

（少年、成人、保護者）
第二条　この法律で「少年」とは、二十歳に満たない者をいい、「成人」とは、満二十歳以上の者をいう。
2　この法律で「保護者」とは、少年に対して法律上監護教育の義務ある者及び少年を現に監護する者をいう。（少年法第1条、同第2条より引用）

近年刑事処分の年齢引き下げも行われたが、少年法は少年の保護に重点を置いている。法の考え方としては、あくまで少年は保護、矯正すべき存在であって懲罰を与えるべき存在ではないのだ。

これは戦後、つまり1948年に少年法ができてからの基本的な考え方になっている。少年院法も同様に在院者の改善更生と社会復帰を目的としている。

（目的）
第一条　この法律は、少年院の適正な管理運営を図るとともに、在院者の人権を尊重しつつ、その特性に応じた適切な矯正教育その他の在院者の健全な育成に資する処遇を行うことにより、在院者の改善更生及び円滑な社会復帰を図ることを目的とする。（少年院法第1条より引用）

そのうえで少年院に来た少年は家庭裁判所での調査、審判を経て、少年院送致相当と判断された少年たちということになる。

少年院送致について、最高裁判所ウェブサイトには以下のように記されていた。

少年院送致

少年が再び非行を犯すおそれが強く、社会内での更生が難しい場合、少年院に送致して矯正教育を行います。

少年院では、再び非行を犯すことのないように、少年に反省を深めさせるとともに、謝罪の気持ちを持つように促し、あわせて規則正しい生活習慣を身に付けさせ、職業指導をするなど、全般的指導を行います（最高裁判所「少年事件の処分について」〈http://www.courts.go.jp/saiban/wadai/1801/〉より引用）。

少年たちが更生に至るまでどのようなプロセスを経ているのか、その規模とともに概観してみたい［図表25］。

家庭裁判所に送致されている少年が約9万5000人、そのなかで少年院に入所するのは約2900人である。かなり選抜された存在のように見える。

[図表25] 非行少年に対する手続きの流れ

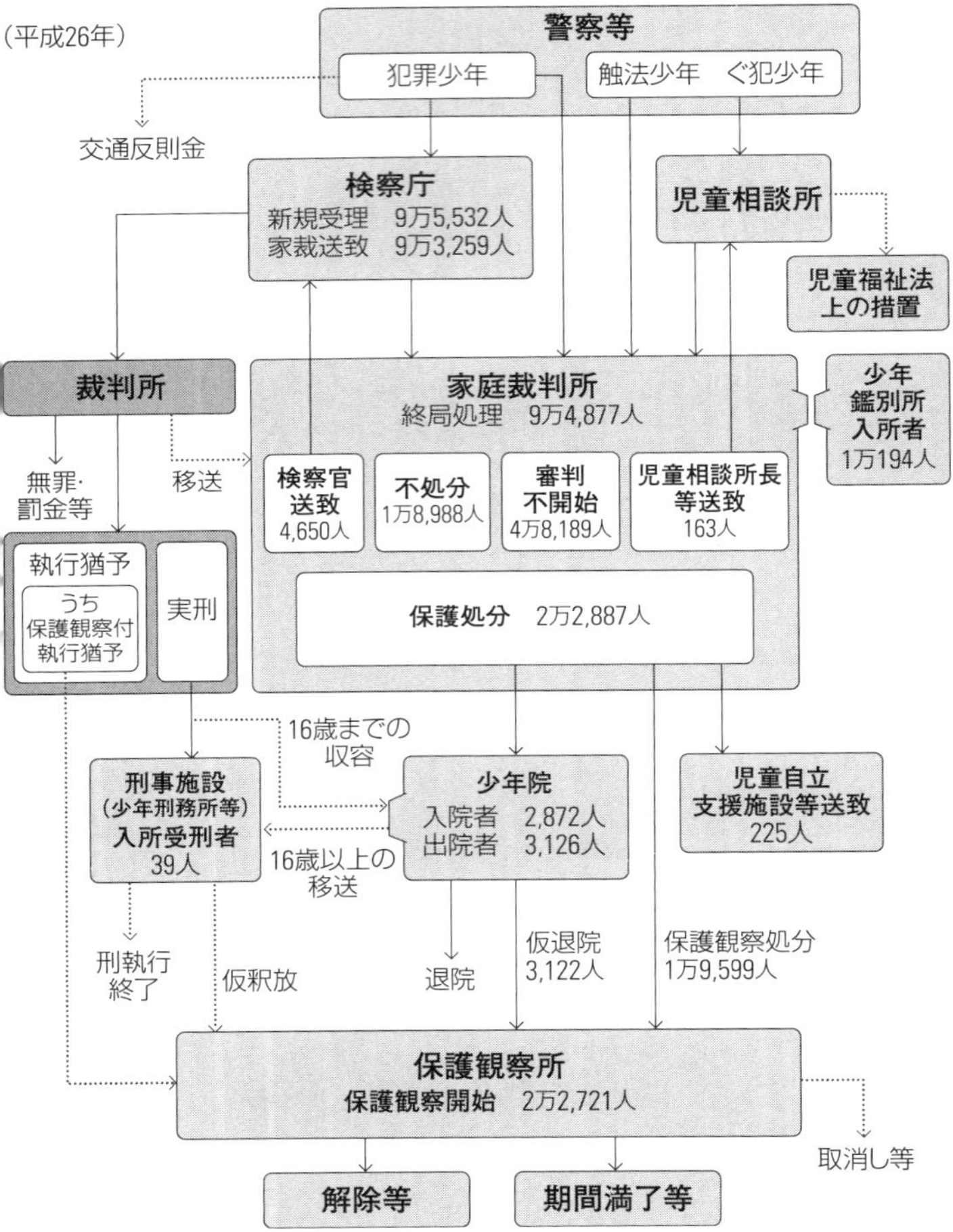

出典:法務省『平成27年版 犯罪白書』より作成

注
1. 検察統計年報、司法統計年報、矯正統計年報及び保護統計年報による。
2. 「検察庁」の人員は、事件単位の延べ人員である。例えば、1人が2回送致された場合には、2人として計上している。
3. 「児童相談所長等送致」は、知事・児童相談所長送致である。
4. 「児童自立支援施設等送致」は、児童自立支援施設・児童養護施設送致である。
5. 「出院者」の人員は、出院事由が退院又は仮退院の者に限る。
6. 「保護観察開始」の人員は、保護観察処分少年及び少年院仮退院者に限る。

したがって、ここまでの記述を読むと、「どんな恐ろしい少年たちなのか」と思うかもしれない。むろん一概にまとめることはできないが、少年犯罪の検挙人員の減少も影響してか、少年院を訪れてみると殺気立っているという雰囲気を感じることは筆者の経験ではあまりなかった。

少年院は少年院法の改正によって現在では機能が細分化している。また個々の少年の状況によって大きく異なるため、都市から距離が離れている立地環境なども影響した経験的な印象に過ぎないが、ゆっくりとした時間の流れを感じることさえあった。

必ずしも直接的な原因とはいえないが、筆者がある少年院で受けたレクチャーによると、近年境界性パーソナリティ障害や発達障害、学習障害を抱えた少年らが特殊詐欺の使い走りとしていいように使われ、状況がわからないままに逮捕されるという事案が頻発しているそうだ。

法務教官から伺った話では、生活指導の面では、鼻をかむ仕方を少年院ではじめて学んだり、歯磨きや、持ち物の整理整頓の習慣もそこではじめて学んだりする少年も少なくないという。

衛生面に対する気遣いが習慣化していないこともあって、冬場には少年院でインフルエンザや感冒が大流行してしまうこともあるそうだ。

2010年代の日本の話なのか、と思う人もいるかもしれないが、少年院での少年たちの現実の生活なのだ。

再非行少年率が格差社会を反映する

懸念されるのは、検挙人員は減少するなかで、上昇する再非行少年率である。2014年の再非行少年率は約35%であった［図表26］。

前述の再犯非行の問題である。社会はこうした少年たちを十分に受け入れられている

[図表26] 少年の一般刑法犯 検挙人員中の
再非行少年の人員・再非行少年率の推移（平成7年～26年）

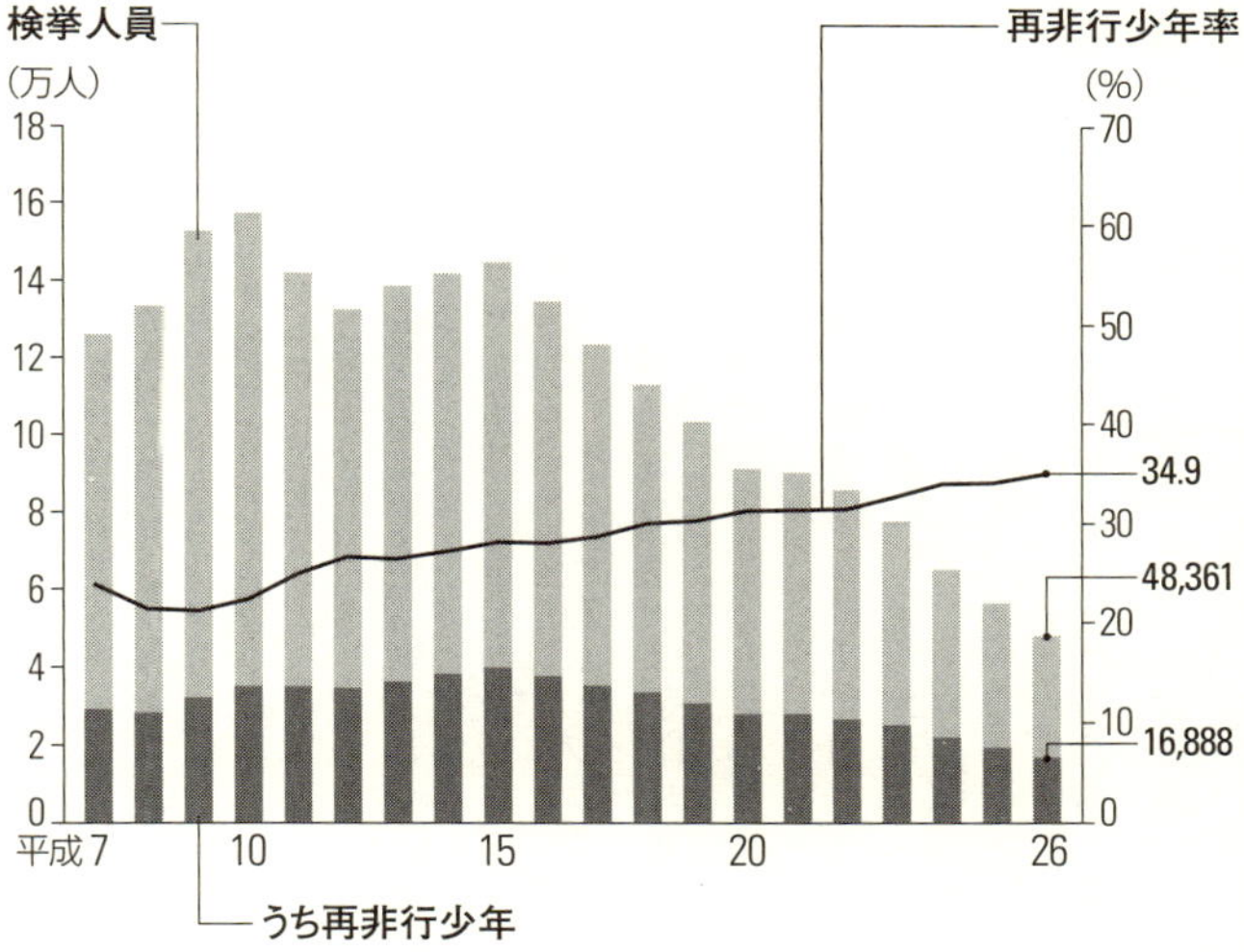

注
1. 警察庁の統計による。
2. 犯行時の年齢による。ただし、検挙時に20歳以上であった者を除く。
3.「再非行少年」は、前に道路交通法違反を除く非行より検挙（補導）されたことがあり、再び検挙された少年をいう。
4.「再非行少年率」は、少年の一般刑法犯検挙人員に占める再非行少年の人員の比率をいう。

出典：法務省『平成27年版 犯罪白書』より作成

とはいえない状況を示唆する。

『平成27年版　犯罪白書』は、最後に「総合的な働き掛けの重要性」に言及している。少年院などの施設のみならず、社会のなかの多様なステークホルダーの連携、居場所（帰住先）、就労先と就労支援の重要性などが提示される。

日本社会の現状において、善かれ悪しかれ、職場と生活世界は密接な関係を有している。それは筆者らが『無業社会』でも繰り返し言及した点である。

持続可能で、生産性の高い職に就くための新しいプログラムは、単に彼らに対するサポートというだけにとどまらず、犯罪への再接触を阻むという意味で、非当事者にも意味があるように感じられた。

少年が罪を犯した彼らをとりまく環境面でのビハインドは、彼らの社会復帰を考えるにあたって、十分に考慮されるべき点があるのではないか。


お好み焼きチェーンを展開する千房が、元受刑者たちの雇用を提供し、社会復帰を応援していることが知られているが、近年では、社会に開かれた処遇や矯正教育が政策目標になっている。

2009年に発覚した広島少年院での暴行事件がきっかけとなって設置された「少年矯正を考える有識者会議」の提言と、同会議が2010年に公開した「少年矯正を考える有識者会議提言――社会に開かれ、信頼の輪に支えられる少年院・少年鑑別所へ」がきっかけとされる（なお同報告書は日本の少年法、少年院法の基本的な理念と経緯、施策等を知ることができ、オンラインで公開されているので、一読をおすすめしたい）。

処遇と矯正教育を社会に開くときの具体的な根拠となるのが、少年院法第18条と第40条である。

（関係機関等に対する協力の求め等）

第十八条　少年院の長は、在院者の処遇を行うに当たり必要があると認めるときは、家庭裁判所、少年鑑別所、地方更生保護委員会又は保護観察所その他の関係行政機関、学校、病院、児童の福祉に関する機関、民間の篤志家その他の者に対し、

協力を求めるものとする。（少年院法第18条より引用）

（矯正教育の援助）

第四十条　少年院の長は、矯正教育の効果的な実施を図るため、その少年院の所在地を管轄する矯正管区の長の承認を得て、事業所の事業主、学校の長、学識経験のある者その他適当と認める者に委嘱して、矯正教育の援助を行わせることができる。（少年院法第40条より引用）

処遇については個々の少年院の、矯正教育については管轄の矯正管区の裁量で、官民協働の手法を探求、採用することができる法的環境が整備されたのである。ただしこのことはまだ一般に――まさに受け手となる社会の側に――あまり知られていない。

凶悪犯罪も含めて少年事件の件数は激減している一方で再非行少年率は改善していないことからして、量的には現状の施策が効果をあげている。さらに質的な改善、言い換えると個々の少年の状況、環境に応じたきめ細かな処遇、矯正教育のあり方が求められている。

彼ら彼女らの置かれている／置かれてきた環境の多様性を念頭におくならば、社会復帰に必要な資源をすべて少年院のみで提供するということは困難といわざるをえない。そこで復帰先となる社会における多様なステークホルダーとの官民協働によって提供されるというのはきわめて自然なかたちでもあるように思われる。

これまで視察した限りにおいて控えめにいってみても、少年院で提供されているプログラムは重機操作の資格取得支援など伝統的なアプローチに限られており、また教育の機会という観点でも事実上かなりの制約を受けているように見える。

それらが新たに提供されることで再犯防止策が充実するのであれば、それは社会にとってもまたメリットがあるはずだ。

ただし現状、民間事業者による資源の提供は、この分野に根強く存在するある種の「誤解」やラベリングによって、言い換えるとコンプライアンスやブランドイメージを重視する昨今の企業社会の状況のなかで、暗黙の、しかしかなり強い制約を受けているようにも思われる。

それでも前述のように、官民協働を通じた処遇や矯正教育のあり方を考えようという萌芽もある。その展開を期待を持って注視したい。

確かに少年犯罪の加害者としての責任も鑑みなければならない。そのことは疑いえないが同時に彼らが再び社会に定着し、犯罪に手を染めずに生活を送るために、どのような対策がありえるのかということもまた課題であろう。「自己責任」というラベリングのもと、社会から切断してしまうことは容易だが、おそらくそれでは将来の犯罪の予防、根絶という点で、非当事者の便益向上にも結びつかないはずだ。

非行少年とその社会復帰という問題を真剣に考えたことがある人は多くはないだろう。そのなかで、少年たちを取り巻く環境や背景はあまり考慮されないままに、懲罰感情が反論や弁明の機会もないまま露骨に向けられてしまいがちである。

犯罪の減少、抑止という観点からしても、重要視されるべきは社会が再包摂する具体的な道筋であろう。社会からの疎外は犯罪という行為の減少に貢献せず、それは広く我々の社会の利益にもなるまい。

社会的便益に加えて、包摂性にも優れた寛容な社会はいかにして可能か。非行少年とその社会復帰という一見極端な事例は、そのような問いを改めて我々に突きつけてくる。

第6章

研究環境と高等教育がもたらした違和感

ノーベル賞受賞をリードしてきた研究環境の危機

2016年、大隅良典東京工業大学栄誉教授がノーベル生理学・医学賞を受賞したことは記憶に新しい。

日本人ノーベル賞受賞者は、1949年に敗戦の痕が色濃く残るなか湯川秀樹が物理学賞をはじめて受賞して戦後復興の日本に明るい話題を与えて以来、その数は2016年までに25人に上る。これは非西洋諸国で1位の数字である。

そしてそのうち17人が2000年代に入ってからの受賞で、大半が国立大学でなされた研究の業績に対する受賞だ。ノーベル賞は分野内外での大きなインパクトを評価することが多く、見極めるために時間を要することが多いとされる。

日本の現在の研究環境の素晴らしさが改めて感じられるかもしれないが、実態は真逆である。

日本の研究環境と高等教育ということでいえば、にわかに大学、とくに国立大学法人の経営難と環境悪化が報じられるようになってきた。

たとえば、２０１６年11月１日の『朝日新聞』は次のような記事を掲載した。

基礎研究、交付金削減に反対

全国の国立大学の理学部長ら34人が31日、基礎科学研究の原資となる国立大学の運営費交付金や教員の削減に反対する声明を発表した。「役に立つ」研究を重視しすぎるあまり、基礎研究の体力を奪っているという。会見で福田裕穂・東京大理学系研究科長は「基礎研究費はほぼゼロに近い。大きな人減らしをやらざるをえず、これまでと違う次元に入る危機感がある」と訴えた。（『朝日新聞』２０１６年11月１日朝刊より引用）

北海道大学や新潟大学など、いわゆる名門国立大学の経費削減で深刻な事態が報じられている。北大は旧帝大、新潟大学はかつての官立大学の流れをくむ名門国立大学である。歴史的にも大きなリソースが投じられ、日本の教育、研究環境をリードしてきた国立大学が転換点を迎えている。

人件費55億円削減案　北大、教員ら撤回求める　／北海道

北海道大学が財政悪化を理由に、２０１７年度からの５年間で総額55億円の人件費を削減する案を検討していることがわかった。

（中略）

北大は８月、学内の部局長等連絡会議で削減案を提案した。国からの運営費交付金の減額や共済年金の厚生年金への一元化などの影響で、学部や大学院に配分する人件費を一律14・４％減らし、５年間で総額55億円の人件費を削減する内容だ。退職者の補充をせず、任期付き教員を雇い止めすることなどで達成するとしている。各年度の削減目標を達成できない場合、学部や大学院に配分される事務経費を減らすという。（『朝日新聞』２０１６年10月５日北海道総合版朝刊より引用）

新潟大が人事凍結　財政難、昇任など2年間　／新潟県

新潟大学は今後おおむね2年間をメドに、教員人事を原則凍結する方針を決めた。定年退職する教授が出ても、新規募集や内部昇任を控える。

（中略）

高橋姿学長は「教員の給与を減らすわけにはいかないので、退職者の補充を控える形とした。苦渋の選択」と話す。5人分の空きポストができれば1人補充するなど、一部例外措置は設ける。新潟大は1月からは、50歳以上を対象とする教職員の早期退職募集制度も始めており、人件費の抑制策を進めている。（『朝日新聞』2016年2月4日新潟全県版朝刊より引用）

他にも、少なくない国立大学が同様の事態に直面していることが報じられている。

上教大も人事凍結　今年度から、教員3人減　／新潟県

新潟大学が実施を決めた教員人事の原則凍結措置を、県内の他の国立大学法人のうち、上越教育大学も2015年度から実施していることが分かった。

（中略）

上教大は15年度、大学設置基準など法令上必要な人員分のみ補充し、それ以外の補充は見送った。この結果、教員が3人減ったという。16年度も原則凍結の方針は変わらず、学長判断で必要不可欠と認めた人員のみ補充する見通しという。

一方、長岡技術科学大は人事の凍結ではないが、定年退職する教授の後任の補充を原則半年以上遅らせる措置を06年度から実施し、人件費の削減を図っているという。（永田篤史）（『朝日新聞』2016年2月5日新潟全県版朝刊より引用）

世界大学ランキングで低迷する日本の大学

これも近年重視されるようになった大学ランキングにおける日本の大学の位置はどうなっているのだろうか。大学ランキングに一喜一憂するべきではないという声もあるが、筆者の研究室に来た留学生たちに聞いてみても、一様に大学ランキングも見ながら留学先を決めているという。

彼らにとってひとつの大学選択の基準になっていることは否定できないだろう。

その大学ランキングのひとつ、「タイムズ・ハイヤー・エデュケーション（THE）」の世界ランキングにおいて、日本は苦境に立たされつつある。

THE2016-2017年版において、東大は世界ランキング39位、アジア4位となった。アジアのなかではかつては東大がトップの座にあるというのが「常識」だったが、THEのランキングについていえば、2015―2016年のランキングで7位となり衝撃を与えた。

世界ランキング100位以内にランクされているのは、東大と京大のみである。なお理工系が強い項目を重視するため、私立大学はこのランキング上位(アジア上位50位以内)には出てこない。

台頭しているのはアジアの大学勢である。トップに立つのはシンガポール国立大学、その他にも同じくシンガポールの南洋工科大学、中国の北京大学や清華大学、香港の香港大学と香港科技大学、韓国のソウル大学やKAIST(旧称・韓国科学技術院)、浦項工科大学校などだろうか。

もうひとつの著名なランキング「QS World University Rankings 2016-2017」では、東大が世界34位、京大37位、東工大56位、阪大63位、東北大75位など、THEと比べて100位以内にもう少し多くの大学がランクインしている。

こうしたランキングは、「アジアの大学といえば日本」という感覚を持つ、一般の、なかでも年長世代の読者の大学観と大きく異なるのではないか。

ＴＨＥ１００位以内ということでいえば、人口半分の韓国から３校ランクインしており、東大、京大の2校の日本を上回っているともいえるし、シンガポールや香港も、国、地域の人口規模はかなり小さい。

実は国の小ささは強みにもなる。シンガポールや香港のような小さな国、地域は大学の数も少ないため、特定の大学に対する集中投資ができる環境にあるからだ。

それに比べて、大学が質量ともに多様で、明治以後の比較的長い時間をかけて大学制度が独自の発達と定着を遂げた日本ではそうもいかない。そのことはともすれば忘れられてしまいがちである。

文科省の「学校基本調査―平成28年度　結果の概要―」によると、２０１６年の日本における大学の内訳は国立大学86校、公立大学91校、私立大学６００校となっている。

筆者は私立大学と国立大学の双方に勤務したことがあるが、両者はかなり異なった環境に置かれている。

厳密には日本で量的に名実ともに高等教育を担っている私立大学も多様性があるのだが、ガバナンスの違いということでいえば、私立大学、国立大で大別することができる。乱暴にまとめれば前者は比較的各大学の裁量の自由度が高いが、現行の大学ランキングで不利に評価されがちな文系部門が大きく、また逆に大学ランキングに有利に働く医学部が設置されていないことも少なくない。そして量的にも人材育成と教育のなかで重要な役割を果たしている。

その一方で、前述のように自然科学系のボリュームが大きく設計されていることから、大学ランキングで相対的に高く評価されているのは主に国立大学である。

国立大学は国立大学法人化されながら、財源の移譲が行われなかったため未だに文科省の政策意向に大きな影響を受ける。

それどころか規制緩和が進む近年の国の行政のなかでは、規制強化が実施され、しかし競争政策も称揚されている奇妙な分野である。競争政策は研究費のみならず、大学を支える基本的なインフラにまで及んでいる。

余談だが審議会の構成者や議事録を見ても、そもそもこのような私立大学と国立大学の違いについて構成者があまり認識しないままに議論がなされているように思える事態も散見される。

年長世代と若年世代の賃金格差

本来、私学助成などの制度とも比較しながら、もう少し細かく検討を加えるべきだが、日本の高等教育と研究環境のインフラ部分の変化について、ここでは比較的ガバナンスが均質な国立大学法人に目を向けてみることにしたい。

国立大学の経営の柱となっているのが、国立大学の運営費交付金である。総額、つまり国立大学86校に対して、およそ年間1兆1000億円程度が計上されている。

これらは各大学に均等に割り当てられるわけではなく、「旺文社教育情報センター」が作成、公開した「28年度 国立大学法人運営費交付金」という資料によると、東大、京大、東北大、阪大、九州大、筑波大、北海道大、名古屋大、広島大、東京工大の配分上位10校に、その約42％が割り当てられ、残額を残りの76校で分けるかたちになっている。

一般社団法人国立大学協会が2015年に公開した「国立大学法人の直面する問題点」によると、2013年時点で運営費交付金収益は国立大学法人の経常収益の約34％を占め、ほぼ人件費相当の金額にあたる。

前史として大学設置基準の大綱化などにも注目する必要があるが、2004年の国立大学法人化に端を発する近年の大学「改革」10年で総額1470億円がカットされている。

原則として年間1％削減ということだったはずなのだが、2004年当時の運営費交付金が1兆2415億円だったので、年間1％を上回る早さで削減されていることになる。

日本の高等教育、研究環境「改革」では、一貫して国立大学の運営費交付金の削減と研究費の競争的資金化が行われてきた。

これは国立大学や大学業界に限らず日本の事業体の場合、労働法規上、雇用者都合による整理解雇がかなり敷居の高いものであることが知られている。

整理解雇を実施できるのは、「人員整理の必要性」「解雇回避努力義務の履行」「被解雇者選定の合理性」「手続きの妥当性」という「整理解雇の四条件」を満たした場合に限られるとされているからだ。

大学のみならず民間企業でさえ、このような雇用慣習が義務付けられているし、よく考えてみれば日本の企業でも若年世代は年長世代と比較して昇給カーブが年長世代ほど期待できなくはなっているが、さすがに任期付雇用が標準化するまでには至っていないはずだ。

ところが国立大学法人では、人件費の管理を容易にするために新規採用者から（つまり若年世代から）任期制と年俸制を導入している。年俸制は毎年業績査定があるため、自動昇給は保証されない。

このように、大学という非営利組織において、とくに国立大学法人については民間よりも厳しいとも見なすことができるリクエストが投げかけられている。

また国立大学法人の施設は総じて老朽化が進んでいる。今後建物の改修が必要とされるが、競争的資金は「改革」のために計上されているので、建物の老朽化対策などには原則として使うことができない。新しい建物を建てることはできるが、既存施設の改修は困難であるという奇妙な事態が生じている。

運営費削減と大学ランキング推進の矛盾

すでに国内外の多様なステークホルダーから反対の声明が出されている。

2016年にノーベル生理学・医学賞した大隅良典東京工業大学栄誉教授も各所で高等教育、研究環境の改善について発言している。

OECDは『Education at a Grance 2016』を通じて、私費負担の高さと教育投資の乏しさ（ただし、それでいながら教育機会については確保されていると比較的肯定的な記述がなされている、大規模学級と労働時間の長さは問題視されている）、男女格差等を課題として公表している。

2012年にノーベル生理学・医学賞を受賞した山中伸弥京都大学教授は受賞直後から日本の高等教育研究環境と若手の待遇改善を主張している。

それだけにとどまらず、自身もクラウドファンディングなど資金調達の新たな手法を多数実践していることでも知られている。

THEの編集部も同様のメッセージを出しているし、最近では2016年10月末に、アメリカの有力な政治雑誌『フォーリン・アフェアーズ』にも、日本の大学の危機が投資不足と絡めて論じる論文が掲載された（Devin Stewart「Japan Gets Schooled」〈https://www.foreignaffairs.com/articles/japan/2016-10-31/japan-gets-schooled?cid=soc-tw-rdr〉参照のこと）。

政治に目を向けると、民進党、共産党などがこの問題に言及している。民進党は2016年の政策集のなかで次のように記している。

（大学運営費交付金）

大学運営費交付金減額の議論については、授業料の値上げ等につながらないよう、維持増額を図ります。（民進党『民進党政策集2016』より引用）

共産党の国会議員団は2015年に国立大学協会と懇談し、運営費交付金の拡充で一致したとしている（「運営費交付金拡充で一致／党国会議員団　国立大学協会と懇談」

〈http://www.jcp.or.jp/akahata/aik15/2015-12-02/2015120202_01_1.html〉参照のこと）。

両政党は運営費交付金削減が将来の大学学費値上げにつながる可能性があるため反対という姿勢を取っていることがわかる。その一方で、与党でもあり教育への造詣が深い公明党はこの問題についての態度を明確にしていないようだ。

本来、国立大学の国立大学法人化は各大学の特徴を各大学の状況に応じて迅速かつ柔軟に活かすために、そして政治的には行政機構のスリム化、国家公務員の人数削減のために実施された。

かつて国立大学法人の教職員は国家公務員であり、国立大学法人化によって国家公務員でなくなり、政治的には大きな「成果」をもたらした。

その一方で、「財布」の権限委譲に十分に取り組まず、文科省がときどきの政策意向に応じて場当たり的かつ紐付きかつ競争的資金偏重にデザインしている負の影響は明白で、今のところまったく国立大学法人化のメリットを活かせていないうえに、国立大学の基礎体力を着実に奪っている。

政府は2013年に「日本再興戦略」を掲げ、2023年に世界ランキング100位以内に10校以上をランクインさせるということを掲げている。2013年の『日本再興戦略』には、次のように記されている。

日本の大学を世界のトップクラスの水準に引き上げる。このため国立大学について、運営の自由度を大胆に拡大する。世界と肩を並べるための努力をした大学を重点的に支援する方向に国の関与の在り方を転換し、大学の潜在力を最大限に引き出す。(『日本再興戦略』より引用)

ここでいうところの「運営の自由度の大胆な拡大」は具体的には何を指しているのだろうか。「指定国立大学法人制度」のことかもしれないが、今のところ各国立大学法人は指定の獲得に躍起になっていて、逆説的に「自由度の拡大」への貢献は乏しそうだ。

本文中で「年俸制の本格導入」が大学改革の「先駆的な取り組み」に挙げられているが、適用対象は労働契約上新任の若手に限られる。筆者もその対象のひとりだが、実感として資金繰りが乏しく、すでに人事凍結などが明らかになった環境のもとでは昇給

（幅）の期待は薄く、あまりイノベーティブな人事戦略だとは思えない。むしろ動機づけに失敗しているようにさえ思えてくる。

本書執筆にあたって少々検索してみて驚いたのだが、２０１３年版の『日本再興戦略』のなかには、「大学」という言葉が61カ所も出現する。最新版の『日本再興戦略　２０１６―第４次産業革命に向けて―』では、その数はなんと１５６カ所に顕著に増加している。

これは大学への期待の表れなのだろうか。期待はするが予算は削るというのだから、一貫しない。なんとなく具体的アプローチの仕方がよくわからない政策を、とりあえずなんでもかんでも大学に絡めてみたようにも見えてしまう。

改めて、冒頭の問いに立ち戻ってみたいと思う。

なぜ日本の高等教育、研究環境「改革」において国立大学の運営費交付金の削減と競争的資金が政策の柱となるのであろうか。ここまで簡単に概観しただけでも、合理的理由は明確にならない一方で、「改革」は進められている。

２０１６年の国会で国立大学法人法の改正が行われ、新たに指定国立大学法人制度が導入されることになった。多くの国立大学では指定に向けた準備でまた慌ただしくなっているのだ。

以前、ある著名な政治家が「この問題で我々のところに本気で陳情に来る人がいない」といっていたことを思い出したが、文教族の政治家でも良いし、文部官僚でもよいのだが、大学関係者や生活者に現行政策の合理性についてわかりやすく提示する必要がある。「2023年に世界ランキングで大躍進」などという夢物語もさることながら、今一度、国立大学法人の現状を具体的に見つめ直す必要がある。

国立大学法人の学費は世界と比べて高いのか?

本章ではここまでおもに、日本の研究環境に目を向けてきた。最後に高等教育にも目を向けてみることにしたい。

近年子どもの貧困や教育機会の均等から、この問題に焦点が当たるようになってきた。なかでも返済不要の給付型奨学金の拡充が期待されるようになってきている。民進党や共産党も主張し、政府与党もこの問題の検討に手を付け始めている。

[表1] 国立大学の学費（授業料）

大学の学部（次項に掲げるものを除く。）

授業料の年額	入学料	検定料
535,800 円	282,000 円	17,000円

大学の夜間において授業を行う学部
（昼夜開講制であって、専ら夜間において授業を行うものを含む。以下同じ。）

授業料の年額	入学料	検定料
267,900 円	141,000 円	10,000円

大学院の研究科（次項に掲げるものを除く。）

授業料の年額	入学料	検定料
535,800 円	282,000 円	30,000円

法科大学院
（専門職大学院であって、法曹に必要な学識及び能力を培うことを目的とするものをいう。以下同じ。）

授業料の年額	入学料	検定料
804,000 円	282,000 円	30,000円

出典：「国立大学等の授業料その他の費用に関する省令」より作成

善かれ悪しかれ、日本では長く大学の学費は家族が負担するという「常識」があったように思われる。家計所得の状況にともなって、学生と家族を取り巻く環境は変化している。

そのなかで学生と家族の「負担感」が、従来とくらべて格段に増していることは想像に難くないがその一方で、しばしば主張される「日本の大学の学費は高い」「給付型奨学金がないのは日本だけ」という主張も必ずしも正確ではない。

以下において、主張の背後に目を

向けてみたい。文科省『諸外国の教育統計（平成28〈2016〉年版）』を参照すると、日本の国公立大学の学費（授業料）は平均で約54万円、私立大学は約86万円とされている。

私立大学の学費は多様に設定されるが、国立大学の学費は「国立大学等の授業料その他の費用に関する省令」で規定されている［表1］。

近年標準額からの裁量の範囲が従来の10％から20％までに変更されたが、医学部なども含めて多くの国立大学で標準額通りの授業料（学費）が維持されている。授業料の値上げは例外扱いとされているからだ。

このような日本の国立大学の学費の考え方を総合すると、日本の（国立）大学の学費の設計思想は大学運営のコストとは直結したものではなく、むしろ教育機会の均等などに配慮したものであることがわかる。

十分に周知されておらず、また表現が極めてわかりにくいことから適切に受験生やその家族に伝わっていないように思われる点は問題だが、国立大学は、文科省から入学料、授業料に関して、全額、半額「免除」、徴収の猶予等の措置を、各大学所定の授業料からの収入予定額の一定の範囲内で実施するよう要請され、各大学が具体化している。学部、修士課程、博士課程と年齢とライフステージが進むにつれて年収要件は緩和され、半額免除を含めると意外と門戸は広い。免除の基準も公開されている。

国立大学の授業料の減免措置は戦後制度化され、手を加えられながらも、学費高騰のなかでも継続してきた制度である。

日本には給付型奨学金は少ないかもしれないが、機能的に等価な学費免除を始めとする軽減措置が存在してきた。むろんどちらも一長一短の制度といえる。

とくに減免措置の場合、その制度に自身が対象となるかどうか事前に理解する予見可能性が不透明なところを挙げることができる（とはいえすでに収入要件は公開されているので、制度の周知が課題である点は疑いえない）。

そもそも日本の大学の授業料は本当に「高額」なのだろうか。繰り返しだが現在、家計に占める「負担感」が高い費目であることは間違いない。

ただし海外の諸大学と比較すると、必ずしも日本の大学の学費が高額とはいえないことがわかる。

文科省『諸外国の教育統計（平成28〈2016〉年版）』によると、2015年の日本の国立大学の初年度学生納付金の平均金額は約82万円、公立大学は約94万円、私立大学（2014年）で約131万円とされている。

海外の大学ではどうだろうか。調査時期の問題で時期が少しずれているが、2009年のアメリカ州立総合大学・4年制大学の初年度学生納付金平均で約69万円、私立総合・4年制大学で220万円とされている。なおアメリカのトップ研究大学は私立大学が中心だが、同報告書によると、たとえばハーバード大で初年度納付金は約380万円、MITが約390万円、スタンフォード大が約400万円となっている。

イギリスはすべての大学が国立大学で9000ポンドとされているが、現在のレートではおよそ130万円ということになる。ただしイギリスの名門大学の場合、カレッジのコストを別途負担する必要がある。

オーストラリアやニュージーランド、カナダなども学費は多様だが、日本より明らかに安価といえる国は見当たらない。

韓国は国立大学、私立大学ともに柔軟に入学料、授業料を設定できるようで、国立大学の人文・社会系で約17万円～約72万円、工学系で約21万円～約86万円、自然系で約19万円～約60万円、医学系で約37万円～約75万円に設定されている。

私立大学は人文・社会系で約13万円～約65万円、自然系で約42万円～約75万円、工学系で約38万円～約77万円で、医学系で約65万円～約96万円とされている。

なんとなく長く若年世代の就職難に悩まされている同国だけに、就職につながりそうな専門分野ほど学費が高く設定されているようにも見える。

「日本の高等教育費は高額である」という主張で必ず引き合いに出されるドイツとフランスはどうだろうか。同調査によると、フランスの２０１０年の初年度納付金は約２・１万円、２０１２年度冬学期のドイツの場合約２・４万円。

確かにこれらの国の大学の学費は安価である。とはいえ、ここまでの記述を通して、その他の先進諸国と比較して、必ずしも日本の高等教育とくに国立大学の費用が高額であるともいえないこともわかるだろう。

日本の大学の未来、どこへ向かうのか

本章前半の議論とあわせて考慮すると、「国際的な研究教育競争には勝て（世界ランキングトップ大学創出と上位大学の増加）」「恒常的な予算は減額し、競争的資金へ、しかし学費の値上げも望ましくない」「教育機会の均等に配慮し、さらに大学進学率を向上させるべき」という困難な状況に置かれている。トリレンマとまではいえないが、「あちらを立てればこちらが立たず」といえる。大学ランキング上位校は集中投資を行っているが、日本の場合、少子高齢化に伴う医療費、社会保障費の激増に伴う全般的な予算の逼迫状況や、国立大学だけを見ても86の大学があることを思い起こしてみても大規模な量的拡大は、強い政治的意思がない限り期待薄といえる。

各国立大学が独自の資金策を用意することが望まれているが、国立大学法人の場合、入学料や授業料の独自の値上げには歯止めがかけられている。制度との関係もあり、それらを自己決定できるように設計されていないのである。

本章ではもっぱら国立大学法人に注目してきたが、教育機会の量的拡大ということでいえば私立大学の果たす役割が大きい。だが18歳人口の減少に伴い、私立大学も経営に苦戦している。2018年から大学の経営危機が顕在化するという「2018年問題」に戦々恐々としているのが実状であろう。

私立大学についていえば近年、私立大学の廃校や入学者募集の停止（学生が全て卒業した時点で廃校にする）、公立大学への転換等が頻繁に起きている。

だが日本の大学進学比率はOECD各国の平均を上回るものの、進学率の男女間格差も残る。何らかの対策は必要だ。

いっこうに出口が見えてこないが、少なくとも目をつぶっていては問題は解けない。年長世代がかつてキャンパスを過ごした「在りし日の昭和」の大学像はすでにそこにはない。当時の日本の大学はネガティブにいえば、「ガラパゴス」の象徴だった。それでも日本が非西洋諸国でトップのノーベル賞受賞者輩出国となったのは、「ガラパゴス」の良い部分が随分時間が経って開花したといえ、その事実が意識されることはほとんどないが、同時に「在りし日の昭和」の大学を支えていた前提条件はすっかり変容してしまった。そのこともまた意識される機会はほとんどないままである。

両者のこの違いは、80年代以降、教育「改革」で重要視されるようになった民間有識者らにさえ見られるものである。

時代は移り変わり大学のグローバル化が必要なことは疑いえないが、グローバル化した挙句にかつての価値を毀損しては元も子もない。現在の日本の研究、高等教育環境はこちらの路線をひた走っているようにさえ見えてしまう。

ガラパゴスの良かった部分を引き継ぎ、いっそう伸ばしながら、弱点を補強する「勝てるグローバル化」こそを考えなければならない。

言うは易く行うは難しだが、「昭和の面影」を振り払い、現実を直視すべきだということだけはいえそうだ。

コラム

新卒一括採用の終わりの始まり？

大学と大学生に関連して、日本の、おもに大企業の採用手法として、長く雇用慣習として定着してきた新卒一括採用においていよいよ終焉の幕が下りはじめたようにも思われる。２０００年代以後、繰り返し言及されてきたし、「さっさと終わらせたほうが良い」という論調をとめることはできなそうだ。

２０１６年にヤフーが新卒一括採用を廃止することを宣言した。２０１６年10月から新卒や既卒、第二新卒等の経歴不問で、30歳以下を対象にして通年で応募ができるようにするという。対象は年間３００人程度というから、かなりの規模である。

外資系企業のようなアプローチだが、ヤフーのような国内大手企業が、これだけの規模で実施するとなると、かなりのインパクトを持つはずだ。追随する企業も増えるだろう。

「ポテンシャルを重視する」というから、一見公平なようにも思えるが、これから就職活動を迎える大学生からすると寝耳に水といったところもあるだろう。

限られた雇用の椅子をめぐる被雇用者間の競争は一層厳しくなることが予想され、就職できなかった学生はもちろん、仕事がない状態が長く続いている若者へのセーフティーネットは一層重要になるはずだ。

企業側からすれば会社に対する忠誠心や同期入社の横のつながり形成についての期待は下がるものの、人材育成の初期コスト低減につなげることができる。新卒学生を一括で大量採用して時間をかけて人材を育成するのは日本企業の強さの源泉だったが、企業環境の激変のなかで将来継続できる企業ばかりではなくなっているのだ。

留学生や留学経験を持つ学生の採用を拡大する近年の大手企業の採用姿勢にも表れているように、企業が必要とする人材も変化している。かつてユニクロが大学1年生にも内定を出すことが注目を集めたが、企業と学生双方にとってメリットがあるように実質的な規制を緩和し、新しい雇用慣習にソフトランディングすることが求められる。

企業にとって合理的な行動を抑制することは事実上困難だからだが、通常、学生の認識の変化は企業の意思決定よりも遅く、十分準備できる規制緩和が倫理的に望ましいのではないか。

たとえば経済団体が「原則として、5年後に新卒一括採用をやめる」などと、新卒一括採用の原則終了について期限を宣言すると、現役学生にも危機感と対応の必要性を身構えさせる効果的なシグナルとなるはずだ。

5年という期間は、概ね大学で人が入れ替わるのに必要な時間を余裕を持ってみている。「原則、中止」ということは、続けたい企業は継続すればよいが、デフォルト・ルールとしてそれらがない状態に備えよというメッセージになるだろう。

こうした宣言を通じて、制度移行で不利益を被りかねない中流層のボリュームゾーンの学生にも危機感を共有させ、今後の少子化の時代において全体的な人材の質の向上が見込まれるはずだ。

大学生は時期が来ると良くも悪くも、まるでベルトコンベヤーのように就職活動のスタートラインに乗ってしまう。時々の流行、先輩や友人の動向、口コミが影響力を持つ。多くの大学生は何がしたいのか、何が向いているのか、就職のためにどんなスキルが必要なのかを真剣に考えているとはいえないが、ただだらだらと新卒一括採用を終わらせていくのではなく、良質な転換の契機としてほしい。

おわりに　対立構造と不寛容

アメリカの外交史を専門にする歴史家アーネスト・メイは、名著『歴史の教訓――アメリカ外交はどう作られたか』（２００４年、岩波現代文庫）のなかで、政治（外交政策）における歴史認識について３つの命題を挙げている。

１つ目の命題は政策形成者が問題解決にあたって、自分の信じる歴史から類推を行ったり、対比を行い、その影響を受けるというものである。

２つ目の命題は政策形成者がしばしば歴史を誤用するということである。過去の歴史を参照するにあたって、自分の思いつきが起点となり、妥当性についての検討がおろそかになりがちだからだという。

３つ目の命題は政策形成者はその気になればもっと効果的に政策形成に歴史を活用できるというものである。

メイは外交政策を念頭に置いてこれらの命題を書いたが、より広範囲な政策形成一般についても当てはまりそうである。むろん現代においては歴史もさることながら、政策形成はエビデンスと費用対効果、データが重視される傾向にはある。それでも問題解決にあたって政策が置かれた文脈を理解するためにも、歴史認識の重要性はその輝きを失っていないように思われる。

本書執筆のほぼ終盤に、アメリカの大統領選挙で泡沫候補といわれ続けていた、ドナルド・トランプが次期大統領になることが決まった。イギリスのＥＵ離脱を決めた国民投票も２０１６年の出来事である。

これまで「まさか」と思われてきたような選択が、民主主義先進国で次々と決められていっている。人、情報、カネの国境を越えた過剰ともいえる流動性と、流動性に対する不安感が世界で、そして日本で顕著なものになり、新しい「世論」を形成しつつあるようだ。

この新しい世論は敏感で、不安定だ。規範的なメッセージを多分に含んでいて、「常識を疑え」というメッセージを脅迫的なまでに押し付けてくる。

また巧妙に社会の分断を促すメッセージも多い。極端なグローバル化も、極端なローカル化も、極端な成長主義も、極端な反成長主義も、ともすれば他者の選択に対して不寛容になりがちだ。

実際にはグローバルな挑戦をして成功することもあれば、失敗をすることもある。ローカルな取り組みがうまくいくこともあれば、うまくいかないこともあるだろう。評価の難しさもある。アメリカの市民権を持つ知人がいっていたのだが、「いまのアメリカ社会でアッパーミドルクラスに入ろうと思えば、年収20万ドルは必要だ」と。世界をまたにかけた移動と激しい競争、仕事を通じて、年収20万ドルのアッパーミドルクラスの生活を楽しむのがよいのか、それとも世帯年収８００万円でそこそこ上質で落ちついた生活を手に入れるほうがよいのか、どのように感じるかはひとそれぞれだろう。個人個人が適切に現状を把握し、選択できることが重要だ。

青臭い理想像といってしまえばそれまでだが、それぞれの選択が認められる、選択肢が豊富で、誰しもが実際に選択できる「選択肢の豊かな社会」を追求するという理想を手放してしまってもよいのだろうか。

最近は日本でも、それぞれの選択にふさわしい「合理的」な社会的対応を急げという言説が幅をきかせている。しかし、一見「合理的」で、「効率的」だが、早いステージでの分化は、やり直しや他のオプションの選択を阻害する。

どのような選択をしても必ず失敗するリスクは残る。「合理的」で、「効率的」な手当は、その冗長性（リダンダンシー）を削り取ってしまいかねない。グローバルで失敗してローカルに行きたいといったときにローカルなルールを学ぶ機会がなかったとしたら、どうか。ローカルで成功したので、グローバルに展開したいといったときのオプションを用意できないのではないか。

なかでも、教育課程の早期の人為的な区別は、こうした分断を強力に社会に導入する契機になりかねない。多様な選択をする人間が、共通の土台で、共通のフレームで、しかし異なった対象を見ながら、議論し、ときに対話し、協力しながら問題解決に勤しむということでよいのではないか。

これからもローカル、グローバルともに重要なことは何ら変わらない。

そのような時代に頼ることができるのは、やはり歴史と現実だろう。我々が日々接触する情報は、受け手の、現在よりも一世代程度、古い時代に形成された「常識」によって処理されていく。

混迷と分断の時代のなかで、それでも各自が日本と日本社会について、大まかな現代史の大局観にもとづき、データを踏まえて、冷静に問題解決の判断を下す手がかりとなることが本書の目的であった。歴史の本質は多様性にあり、深度は深い。なかなか大まかな目配りをすることも難しいが、本書では幾つかのやや極端ともいえる事例を取り上げながら、それぞれの分野をとりまく「誤解」の払拭を試みた。

政治の当事者も、そして政治と距離が近いプロモーターも、まるで砂糖をまぶしたかのように、特定の主張を手を替え品を替え強力に繰り返し、プロモーションやPRの手法は日進月歩だ。そのための資源も豊富に有しているし、セクターを越えたネットワークも国内外で形成されている。それはそれで構わないが、生活者はそれらに翻弄されず、情報を冷静に読み解き、判断できる道具立ても必要ではないか。本書はそんなことを考えながら、書かれている。

本書で試みたのは、昭和期、なかでも戦後期に形成された社会通念と実態のギャップ、さらにそれらの認識ギャップについての記述であった。

本書では、政治、リーダー論、教育論、少年犯罪と社会復帰という少々極端な事例を取り上げてきた。いずれの実態もあまり正確に認識されていない一方で、生活からそれほど距離が離れておらず、誰しもが経験的に語れてしまう側面を有する分野でもある。経験的な知見はそれはそれで重要だが、同時に声の大きさで「客観的な事実」が覆い隠されてしまったりもする。

いずれの分野も「昭和の面影」が色濃く滲み出ているともいえるし、それだけに世代によって認識のずれが生じがちな対象でもある。

最近は声の大きさと極端な意見も好まれがちだ。

こうしたずれを埋める作業はまるで大海に砂を投げ込むようなものであって、どれほど実効性があるかはわからないが、その隔たりを少しでも埋め、不寛容の本質、すなわち構造を見通し、本書で繰り返し言及してきた社会の予見可能性改善の手がかりを提供することを目指した。

第2次世界大戦後、いや昭和を通して、日本社会は「安定」と、そのための経済的成長を主眼においてきた。そのために少なくない犠牲を払ってきた。歴史、伝統、環境、人口動態、そして個々人の生活がそれらに捧げられてきた一方で、それなりの達成をみたはずだ。

ところが経済的に、そして人口動態、構成の観点で、直近の、そしておそらくはこの先かなり長きにわたってのピークを越えた途端に、この社会は「安定」と経済的成長の果実を手放そうとしているように見える。

その代わりに唐突に取り入れようとしているのが「自由」と「競争」だ。そのための前提条件や、そもそも昭和の達成と成果、課題を振り返り、腑分けすることなく、現代日本社会にもっとも影響を与え、そしていまも与えている価値観と拠り所を無意識的に放棄しようとしているようだ。

このように書くとき、ともすれば保守的で復古的な論調なりがちだ。「昭和を思い出せ」「日本的伝統に回帰せよ」というもので、それはまさに「在りし日の昭和」的な世界観である。

すでに本書を通して論じてきたように、それらは現実的ではないし、再び社会に共感されることもないだろう。昭和とその価値観を支えた社会の前提条件は変容を遂げ、また一度手放した価値観を取り戻したとしたとき、それはもとの価値観と同じではありえない。

日本社会の転換点は唐突に訪れる。２０１６年に大手広告代理店・電通の新入社員が自殺したことをきっかけに、急速に長時間労働の見直しが始まった。長時間労働の代名詞でもある省庁に若手のタスクフォースができたりもした。

だがそこでも総定員法など省庁の人手不足の構造的側面が看過されているなど、性急な「変革」案はとかくずさんなものになりがちだ。

つまり我々は、かつての伝統から遠く離れ、そこに立ち返ることもできず、よって立つことができる新しい価値観の合意があるわけでもないとても不安定な社会を生きている。

つまるところ、新しい時代にふさわしい、新しい価値観が求められている。それが何かは筆者もよくわからないが、まず出発点として共通の地平の不在を確認し、それらを自明視することの困難さを確認したのが本書であった。

最近は若い世代でも「世代間対立はない」などと対立構造を回避する態度がトレンドのようだ。だが、対立を認識し、その大きさを適切に把握することからしか適切な対立の修復や埋め合わせ、「選択肢が豊富で、実際に選択することができる社会」を構想することなどできないのではないか。問題の直視、本書の主張はそこにある。

むろん、それでも「誤解」の払拭は難しい。

最近の、自身の体験に照らしていえば、２０１６年11月に大学の業務で北京の清華大学を訪ねたのが良い経験だった。弾丸出張で清華大学での報告と教職員、学生との交流、北京大学の見学のみにとどまったが、それでも彼の国の教育と、教育への熱意を肌で感じ、先方での交流や中国事情に詳しい先生方の案内で中国のトップ大学に対する認識が随分更新されることになった。最近では中国の両大学が大学ランキングで日本の大学を抜いたことが話題になっているのは本書でも言及したが、日本の大学の良さに対して根強い信仰が残る。筆者もどこかでそちらに加担したいと楽観視していた。

しかし筆者のごく浅い見聞をもってしても、すでに規模、密度、量、そして何より教育に対する熱意は遥かに日本を凌駕していた。北京大学と清華大学は隣接する東大と京大のような関係だが、アメリカの大学と同等かそれ以上のサイズの土地に、日本の大学の密度で箱モノが建てられているようなイメージだ。湖（池ではなく！）や、公園、ホテル、運動場、太陽光パネルを搭載した電気自転車のライドシェアシステムを用意しながらだ。清華大学の博物館ではレオナルド・ダ・ヴィンチの原画が展示されていた。もはや見掛け倒しなどと切って捨てることはできないことを痛感した。今後5年、10年でまた大きく展開するだろうし、中国の中流層のボリューム拡大は世界の教育研究のトレンドにも大きく影響するはずだ。

80年代以後の改革開放の時代に日本で学位を取ったような日本事情に詳しい研究者や、文化や交流を通しての日本に対する好意的な評価が存在するあいだに、計画的なコラボレーションを通して成長の恩恵に日本の大学もあずかることができる施策が急務に思われた。

この時期の中国訪問は、ひとつ筆者の「誤解」が解かれる貴重な経験となった。本書の内容や記述についても盲信することなく、多角的かつ批判的な検討を加えてほしい。

本書の草稿段階で、慶應義塾大学ＳＦＣ研究所工藤郁子、関西学院大学准教授高原基彰、中京大学准教授吉野裕介の各氏にコメントをいただいた。それらはいずれも迅速かつ、鋭い角度からなされたものであった。編集者の兒玉容子さんは本書の企画を打診いただき、新しい主題を考えるきっかけと、読みやすくするためのヒントを多数もらった。記して感謝したい。

本書執筆時点で、筆者には妻と２人の子どもがいる。次の世代が、選択肢が豊富で、誰しもが実際に選択できる「選択肢の豊かな社会」を生きてほしいという個人的な思い入れが少なからずあるが、長く技術至上主義、競争至上主義の世界観を信奉していた筆者にとってそれはおもに家族によって形成されたものである。

２０１７年１月　大岡山の研究室にて

西田　亮介

西田亮介(にしだ・りょうすけ)

社会学者。東京工業大学リベラルアーツ研究教育院准教授。博士(政策・メディア)。

専門は公共政策の社会学。情報と政治、情報化社会のジャーナリズム、無業社会等を研究。

1983年京都生まれ。慶應義塾大学総合政策学部卒業。同大学院政策・メディア研究科修士課程修了。同後期博士課程単位取得退学。同助教(有期・研究奨励Ⅱ)、(独)中小機構経営支援情報センターリサーチャー、立命館大大学院特別招聘准教授などを経て、現職。

著書は『メディアと自民党』(角川新書)、『ネット選挙 解禁がもたらす日本社会の変容』(東洋経済新報社)、編書『民主主義〈一九四八-五三〉中学・高校社会科教科書エッセンス復刻版』(幻冬舎新書)、共著『無業社会 働くことができない若者たちの未来』(朝日新書)ほか多数。

経済界新書
054

不寛容の本質

2017年2月23日　初版第1刷発行

著者　西田亮介
発行人　佐藤有美
編集人　安達智晃
発行所　株式会社経済界
〒107-0052 東京都港区赤坂1-9-13 三会堂ビル
出版局　出版編集部☎03-6441-3743
出版営業部☎03-6441-3744
振替　00130-8-160266
http://www.keizaikai.co.jp

装幀　岡 孝治
協力　兒玉容子
校閲　鴎来堂
印刷　㈱光邦

ISBN978-4-7667-2064-8